EASY PIANO

Songs of Italy

Arranged by Bill Boyd

CONTENTS

Most songs are in Italian; some are in the Neapolitan language.

ISBN 0-634-01592-3

HAL•LEONARD®
CORPORATION

7777 W. BLUEMOUND RD. P.O. BOX 13819 MILWAUKEE, WI 53213

Visit Hal Leonard Online at
www.halleonard.com

TRANSLATIONS

These translations are for those songs which appear in the original language only in the music pages.

Brindisi
Toast

Let's drink—let's drink from the happy goblets
which beauty adorns;
and let the fleeting hour be intoxicated with pleasure.
Let's drink among the sweet trembling that love arouses,
as that eye [Violetta's glance] goes, all-powerfully, to our hearts.
Let's drink; love—love,
among the goblets, will have warmer kisses.

Ah, let the day discover us, ah yes!

Core 'ngrato
Ungrateful Heart

Catarì, Catarì, why do you speak only bitter words to me?
Why do you speak to me and always torment me, Catarì?
Do not forget that one day I gave you my heart;
Catarì, do not forget.

Catarì, Catarì, why do you wish to pretend?
Do not make me suffer and waste away any longer.
You never ever think of my sorrow;
you don't care!

Ungrateful heart, you have taken my life;
all is past, and you think of me no more.

La donna è mobile
Woman Is Fickle

Woman is fickle
like a feather in the wind;
she vacillates in word
and in thought.
A lovable,
    pretty face,
    in tears or in laughter,
    is always lying.

He who relies upon her,
    who rashly entrusts
    his heart to her,
    is always miserable!
And yet he who does not
    drink love upon that breast
    never feels
    completely happy!

Mattinata
Morning Serenade

Dawn, dressed in white,
already opens the door to broad daylight;
already, with her rosy fingers,
she caresses the multitude of flowers!
All around, creation seems stirred
by a mysterious throbbing;
and you do not awaken; and in vain
I stay here, aching, to sing.

Put on your white dress too,
and open the door to your minstrel!
Where you are not, sunlight is missing;
where you are, love dawns.

O del mio amato ben
Oh of My Dearly Beloved

Oh lost enchantment of my dearly beloved!
Far from my sight is
the one who was for me glory and pride!
Now throughout the silent rooms
always I seek her (him) and call out
with my heart full of hopes…
But I seek in vain, I call out in vain!
And weeping is to me so dear
that with weeping only do I nourish my heart.

Without her (him), every place seems sad to me.
The day seems like night to me;
fire seems ice-cold to me.
Even though at times I hope
to devote myself to another concern,
a single thought torments me:
but without her (him), what will I do?
Life thus seems to me a futile thing
without my beloved.

O mio babbino caro
Oh My Dearest Daddy

Oh my dearest daddy,
he pleases me; he is beautiful.
I want to go to the Porta Rossa
to purchase the ring.
Yes, we want to go there.
And if I love in vain,
I'd go to the Ponte Vecchio,
to fling myself into the Arno!
I'm tortured and tormented!
Oh God, I want to die!
Daddy, pity me!

Quando men vo
When I Go Out

When I go out alone in the street
people stop and stare…
and they all study in me my beauty
from head to foot.
And then I savor the subtle longing
that comes from their eyes;
they know how to appreciate,
    beneath obvious charms,
    all the hidden beauty.
Thus the flow of desire
completely surrounds me;
it makes me happy!
And you who know, who remember
and are melting with passion—
you avoid me so?
I know well: your sufferings—
you don't want to tell them;
I know well,
but you feel like you're dying!

Una furtiva lagrima
A Furtive Tear

A furtive tear
fell from her eyes.
She seemed to envy those merry girls.
What more am I looking for?
She loves me. Yes, she loves me.
I see it.
To feel the throbbings of her beautiful heart
    for a single instant!
To mingle my sighs
for a short time with her sighs!
To feel the throbbings,
to mingle her sighs with mine!
Heaven, I could die;
I ask for nothing more.
Ah!

BRINDISI
from LA TRAVIATA

Words and Music by
GIUSEPPE VERDI

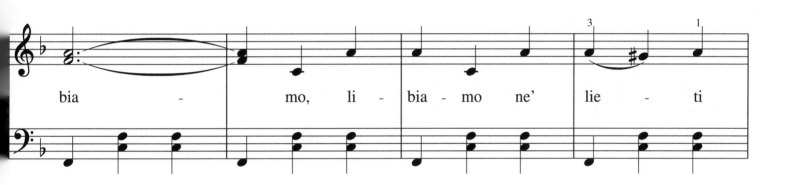

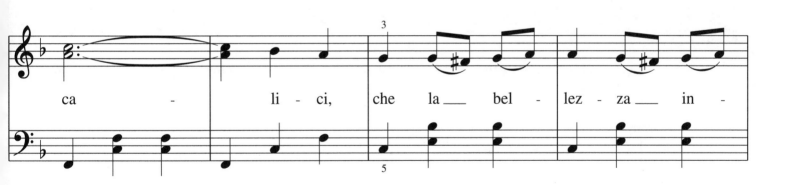

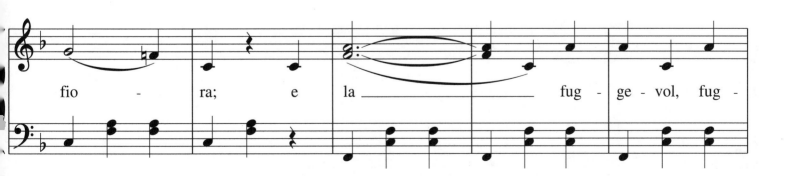

ge - vol o - - ra s'in - ne - brii___ a___

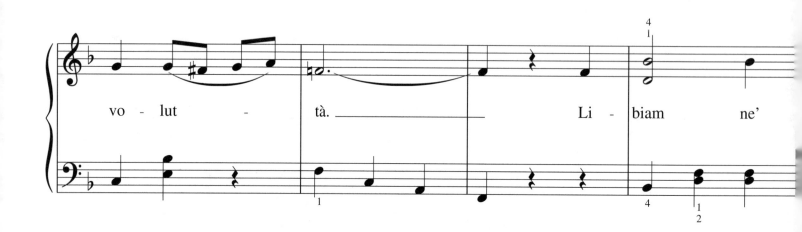

vo - lut - tà. _____ Li - biam ne'

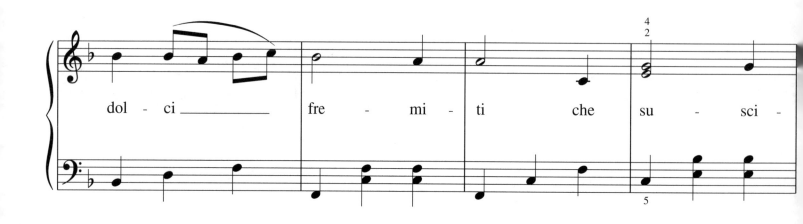

dol - ci _____ fre - mi - ti che su - sci -

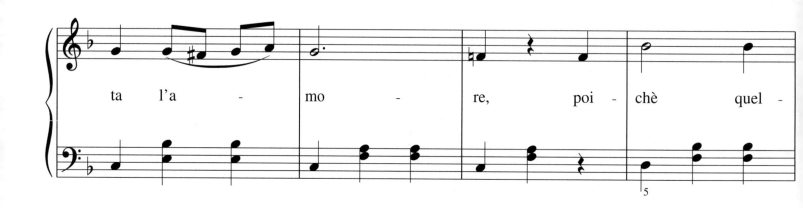

ta l'a - mo - re, poi - chè quel -

l' occhio_ al __ co - re on - ni - po -

ten - te _____ va. _____ Li - bia - mo, a -
rit.   *a tempo*

mo - re, a - mor ___ frai ca - li - ci

più cal - di _ ba - ci _ a - vrà.
                  rit.

CARNIVAL OF VENICE

By JULIUS BENEDICT

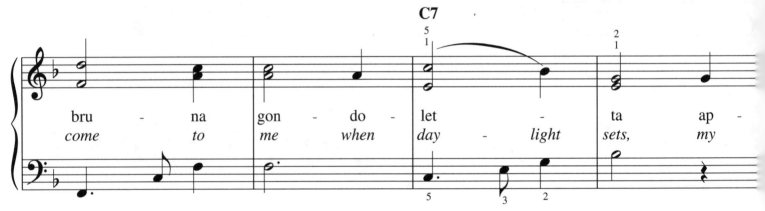

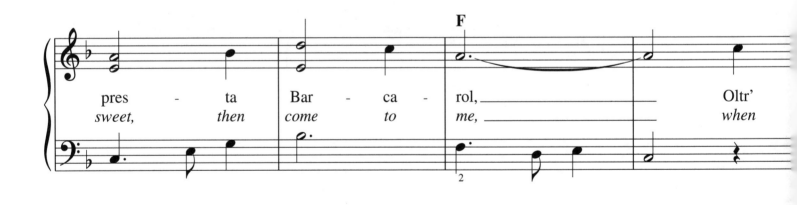

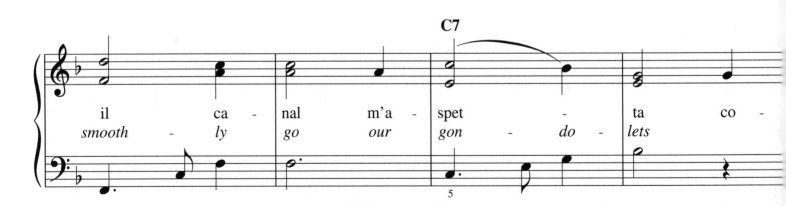

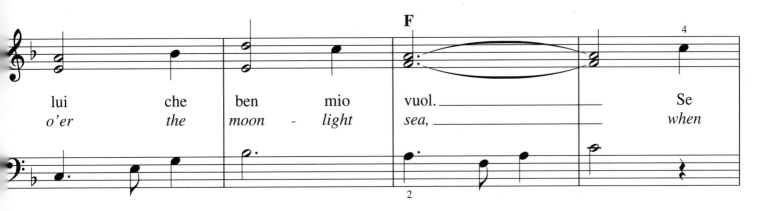

lui che ben mio vuol._____ Se
o'er the moon - light sea,_____ when

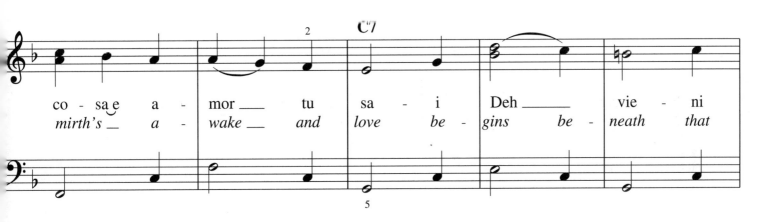

co - sa e a - mor___ tu sa - i Deh_____ vie - ni
mirth's_ a - wake_ and love be - gins be - neath that

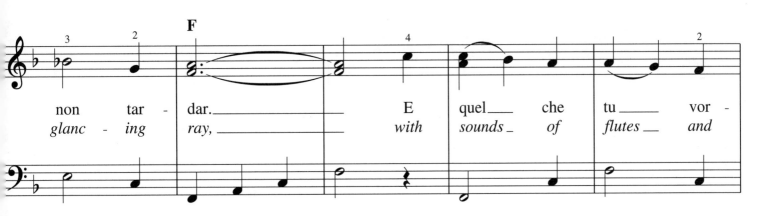

non tar - dar._____ E quel__ che tu____ vor -
glanc - ing ray,_____ with sounds_ of flutes__ and

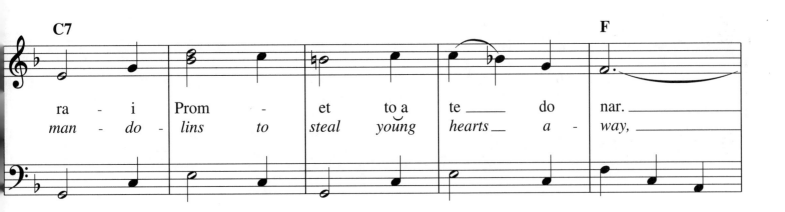

ra - i Prom - et to a te____ do nar.____
man - do - lins to steal young hearts_ a - way,____

8

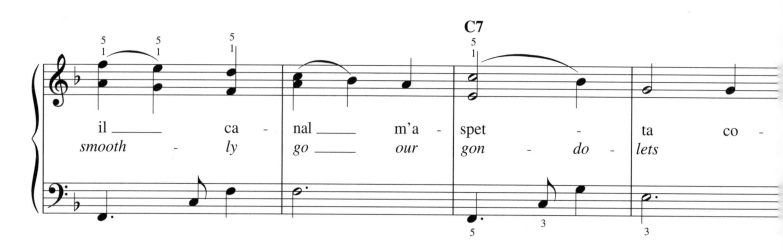

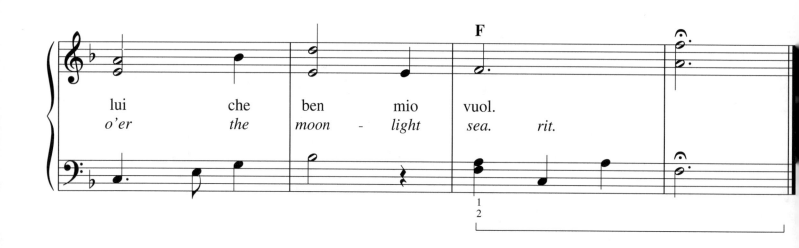

FUNICULI, FUNICULA

Words and Music by
LUIGI DENZA

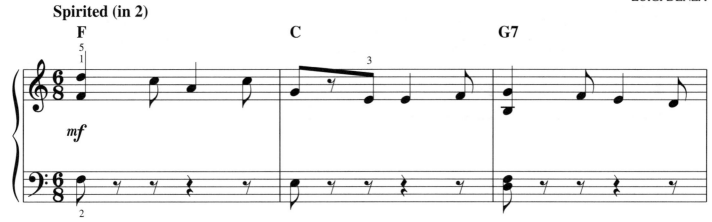

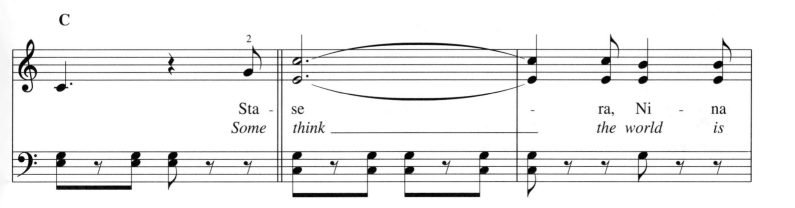

Sta - se - - - ra, Ni - na
Some think _____ the world is

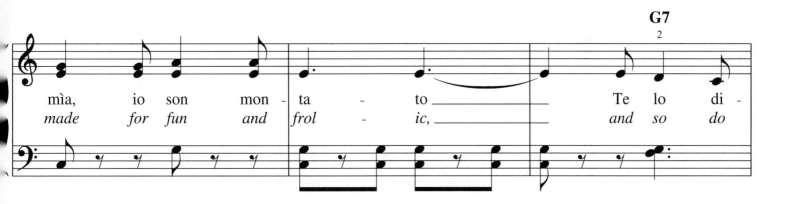

mìa, io son mon - ta - to _____ Te lo di
made for fun and frol - ic, _____ and so do

ró? _____ Te lo di -
I! _____ And so do

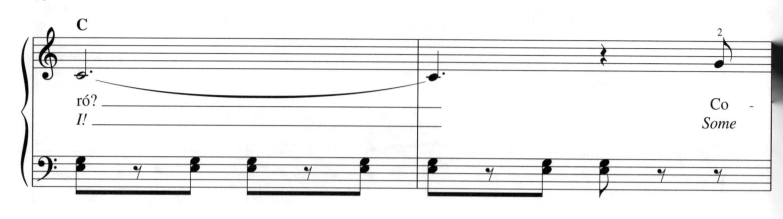

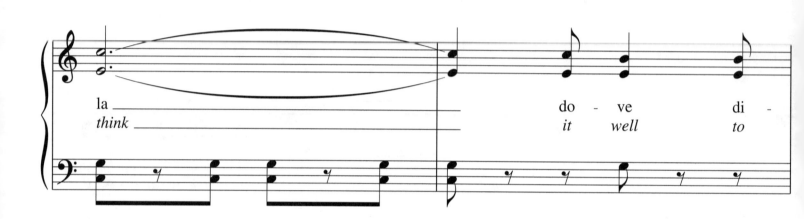

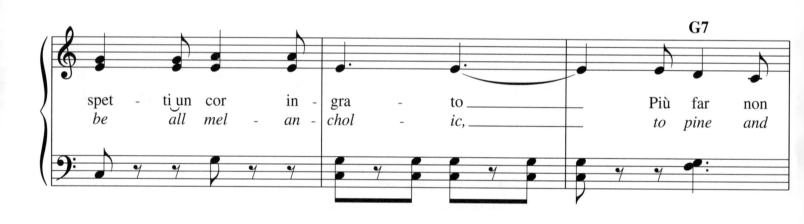

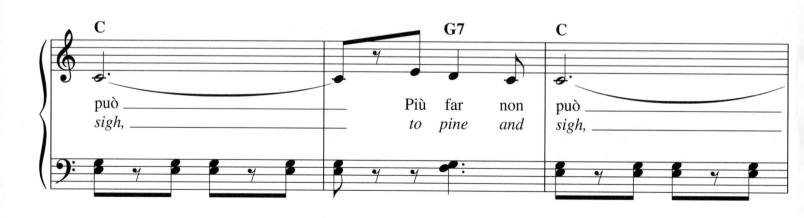

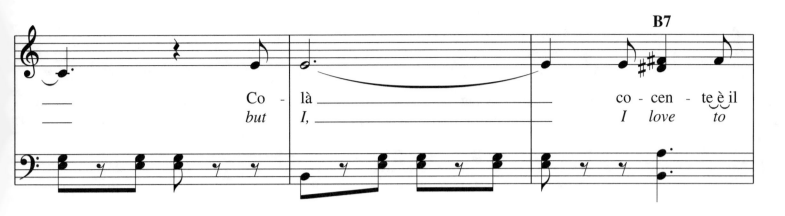

Co - là _____ co - cen - te è il
but I, _____ I love to

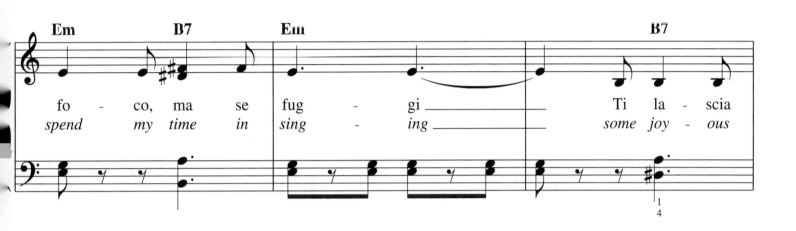

fo - co, ma se fug - gi _____ Ti la - scia
spend my time in sing - ing _____ some joy - ous

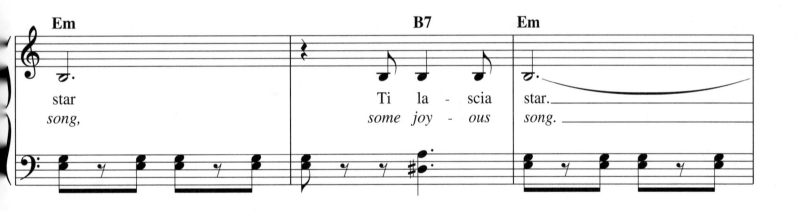

star song, Ti la - scia star. _____
song, some joy - ous song. _____

E non _____ ti cor - re ap -
To set _____ the air with

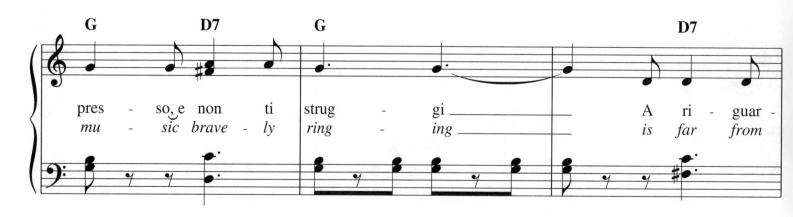

G   **D7**   **G**   **D7**

pres - so, e non ti strug - gi _____ A ri - guar -
mu - sic brave - ly ring - ing _____ is far from

G   **D7**   **G**

dar, A ri - guar - dar. _____
wrong! Is far from wrong! _____

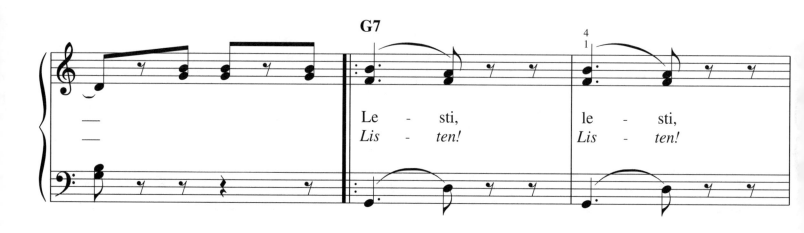

G7

Le - sti, le - sti,
Lis - ten! Lis - ten!

via mon - tiam su là. Le - sti,
Mu - sic sounds a - far! Lis - ten!

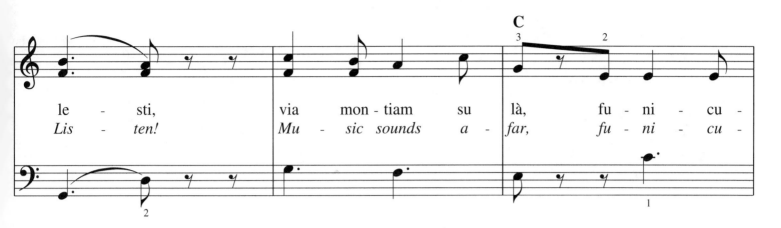

le - sti,   via   mon - tiam   su   là,   fu - ni - cu -
Lis - ten!   *Mu - sic sounds   a - far,*   *fu - ni - cu -*

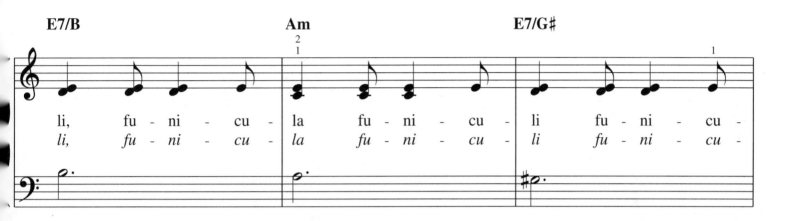

li,   fu - ni - cu - la   fu - ni - cu - li   fu - ni - cu -
li,   *fu - ni - cu - la*   *fu - ni - cu - li*   *fu - ni - cu -*

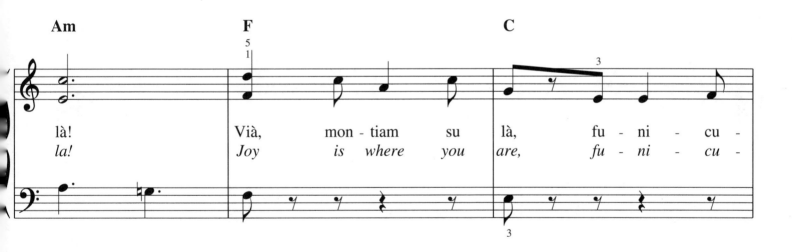

là!   Vià,   mon - tiam   su   là,   fu - ni - cu -
la!   *Joy   is   where   you   are,*   *fu - ni - cu -*

li   fu - ni - cu - là!   là!
li   *fu - ni - cu - la!*   *la!*

CIRIBIRIBIN

Words and Music by
ANTONIO PESTALOZZA

Moderately

With light pedal

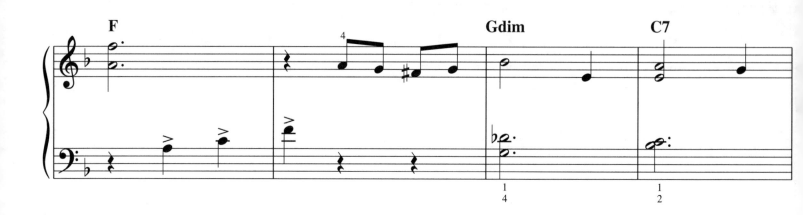

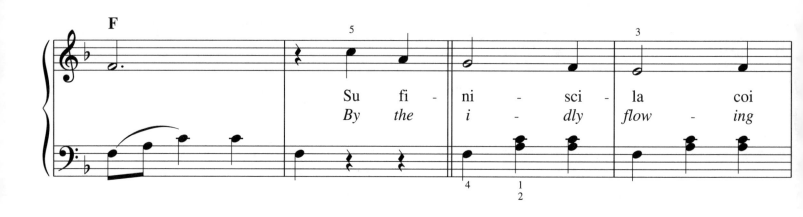

Su — fi — ni — sci — la — coi
By the i — dly flow — ing

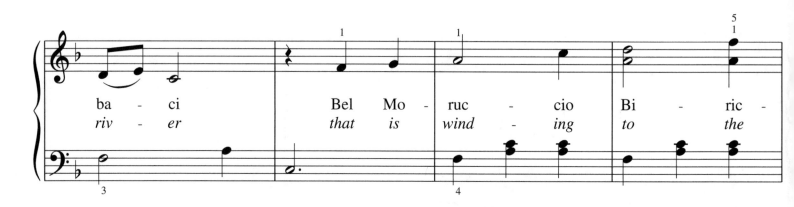

ba — ci
riv — er
Bel Mo — ruc — cio
that is wind — ing
Bi — ric
to the

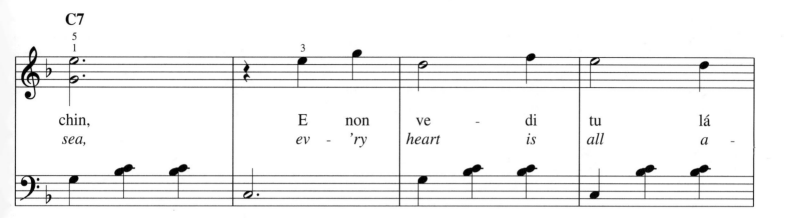

C7

chin, / *sea,*

E non ve - di tu lá / *ev - 'ry heart is all a -*

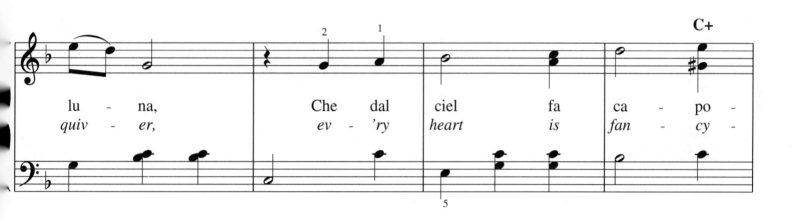

C+

lu - na, / *quiv - er,*

Che dal ciel fa ca - po - / *ev - 'ry heart is fan - cy -*

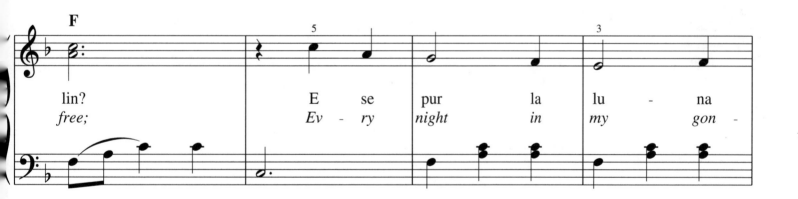

F

lin? / *free;*

E se pur la lu - na / *Ev - ry night in my gon -*

F♯dim   **D7♭9**

spi - a / *do - la,*

Noi la - scia - mo - la guar - / *I will drift a - long with*

16

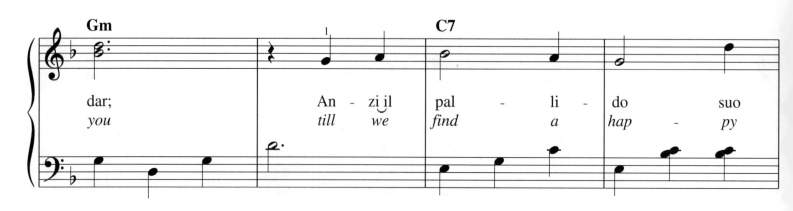

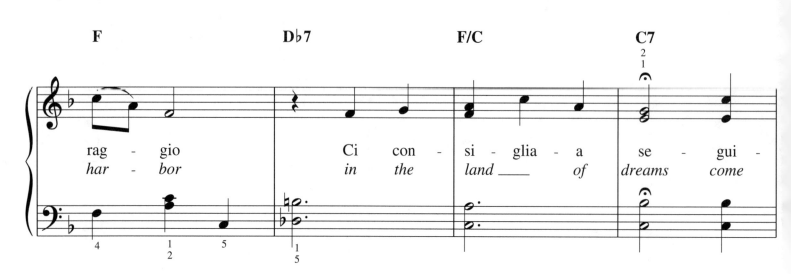

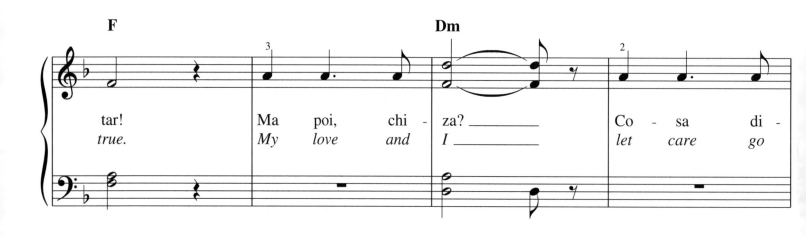

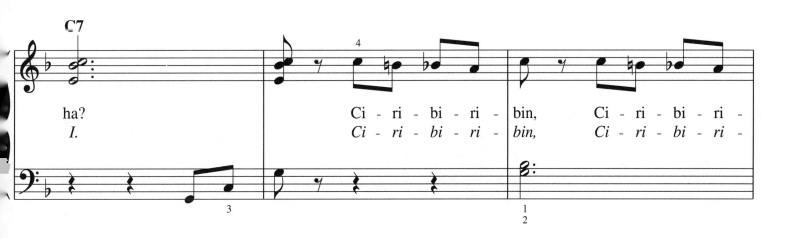

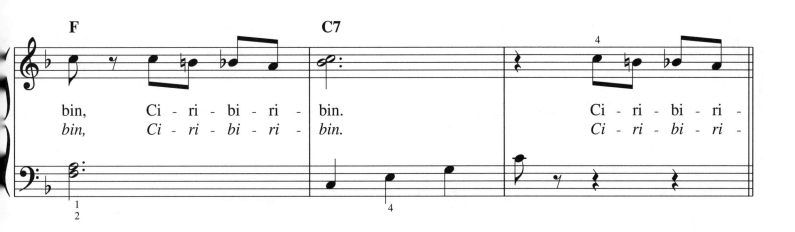

18

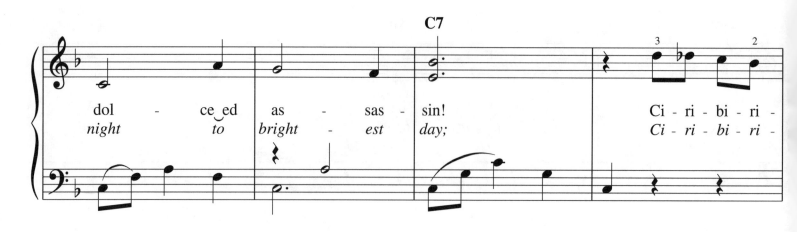

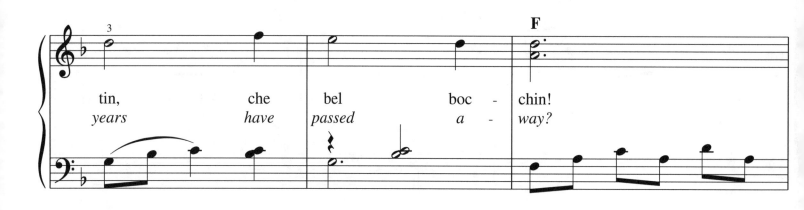

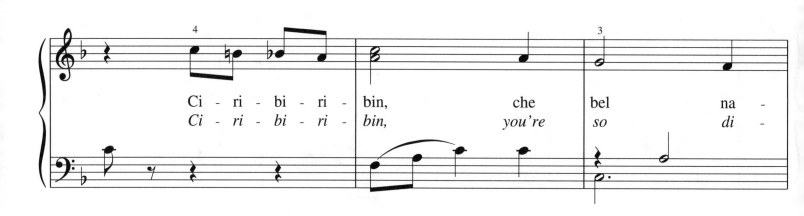

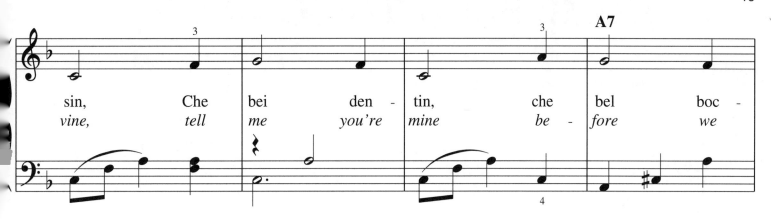

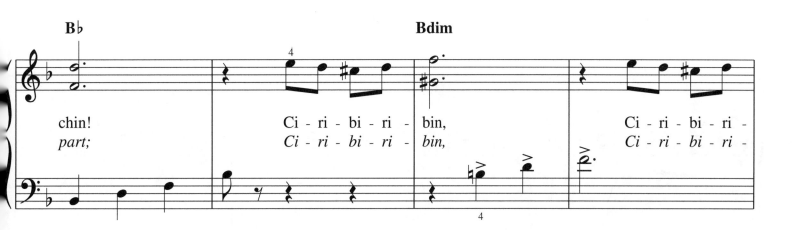

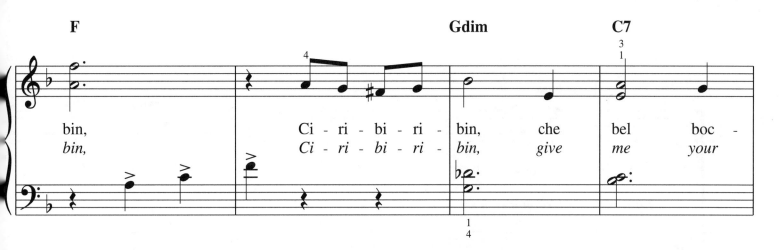

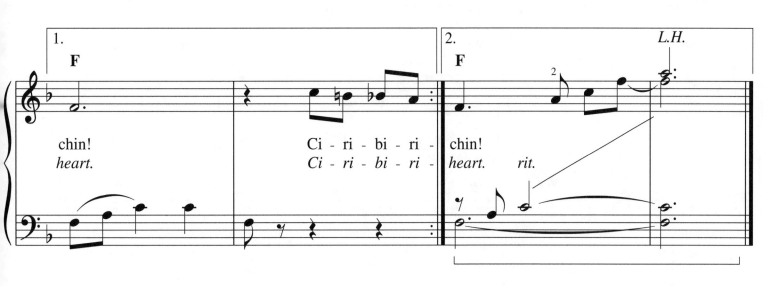

COME BACK TO SORRENTO

By ERNESTO DE CURTIS

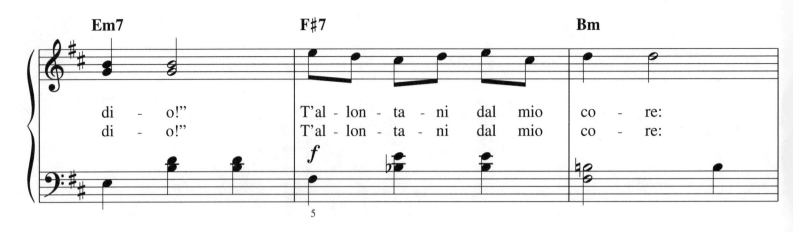

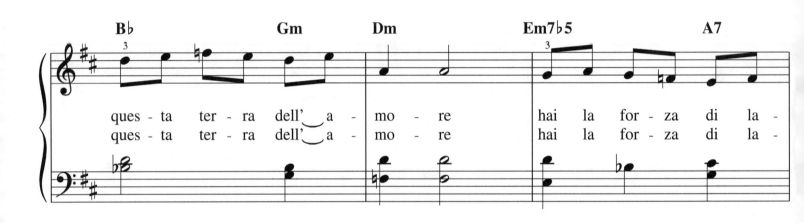

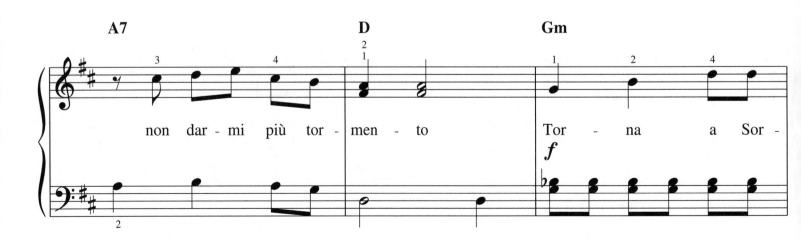

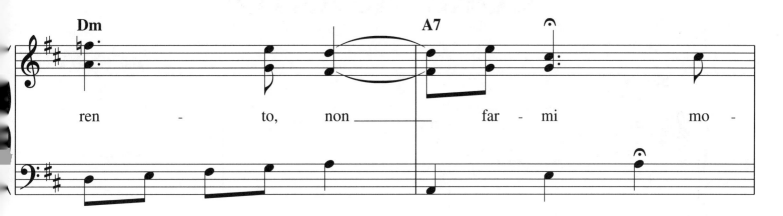

ren - to, non _____ far - mi mo -

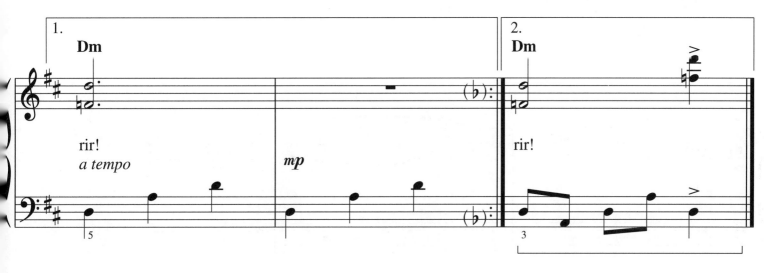

rir!
a tempo

mp

rir!

English Lyrics

1. *Oh how deep is my devotion,*
Oh how sweet is my emotion,
As in dreams I cross an ocean
To be with a love so true.
Once again to hold you near me,
Once again to kiss you dearly,
Once again to let you hear me
Tell you of my love so true.
As I wake, my tears are starting,
Thinking of the hour of parting,
Thinking of a ship departing
From Sorrento and from you.
I'll come back, my love,
To meet you in Sorrento,
I'll come to Sorrento,
To you, my love!

2. *I keep dreaming of Sorrento,*
For I met you in Sorrento,
And you gave me a momento
To be treasured all my days.
Oh! the night was warm and lovely,
Stars were in the sky above me,
And your kiss declared you love me
It's a memory that stays.
Though my heart is wrapped with sadness,
I recall that night of gladness,
Ev'ry moment full of madness
Will remain with me always.
I'll come back, my love,
To meet you in Sorrento,
I'll come to Sorrento,
To you, my love!

CORE 'NGRATO

Words and Music by
SALVATORE CARDILLO

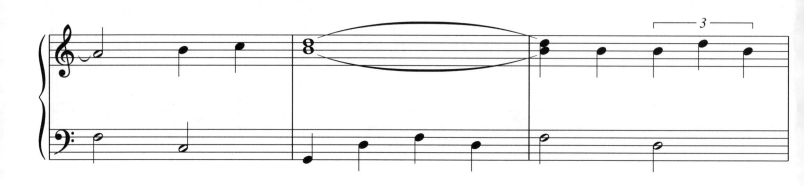

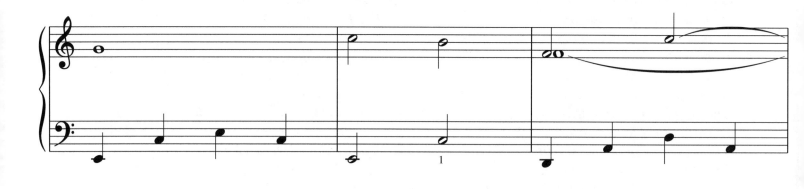

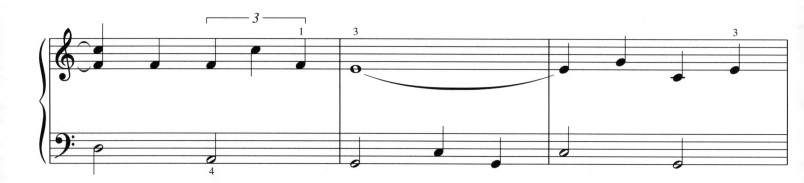

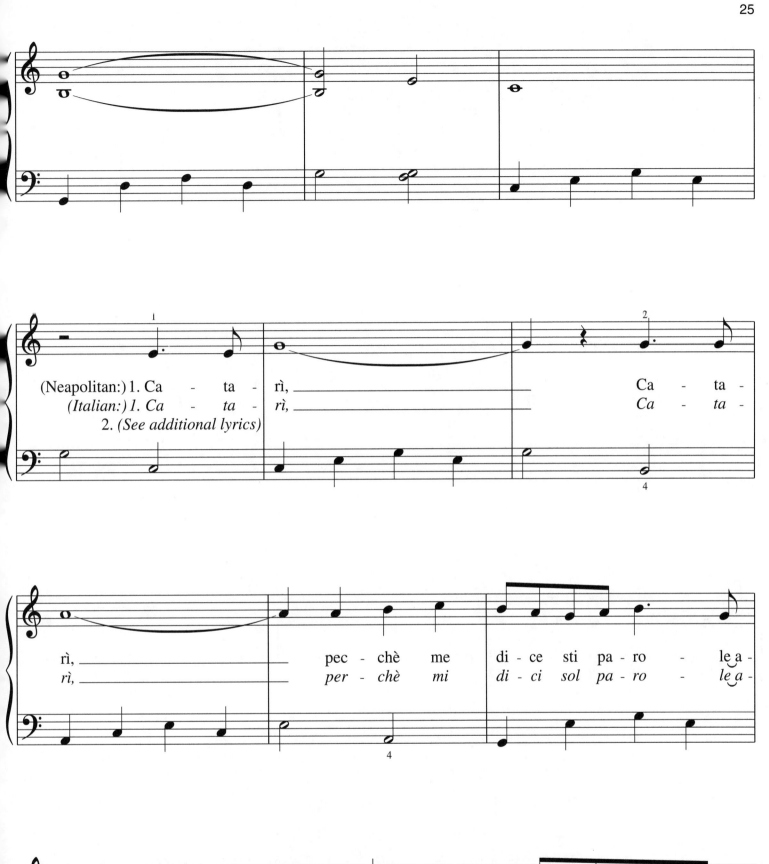

(Neapolitan:) 1. Ca - ta - rì, _____ Ca - ta -
(Italian:) 1. Ca - ta - rì, _____ Ca - ta -
2. *(See additional lyrics)*

rì, _____ pec - chè me di - ce sti pa - ro - le a -
rì, _____ per - chè mi di - ci sol pa - ro - le a -

ma - re, pec - chè _____ me parle e'o
ma - re, per - chè _____ mi par - li e

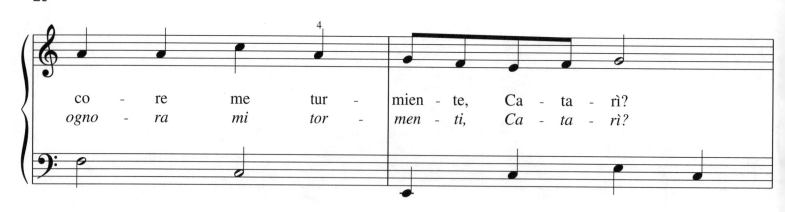

co - re me tur - mien - te, Ca - ta - rì?
ogno - ra mi tor - men - ti, Ca - ta - rì?

Nun te scur - dà ca t'ag - gio da - te'o
Non ti scor - dar che un dì t'ho da - to il

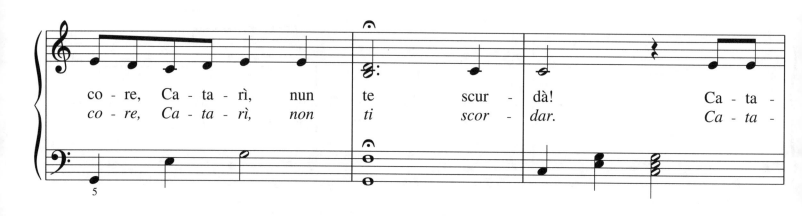

co - re, Ca - ta - rì, nun te scur - dà! Ca - ta -
co - re, Ca - ta - rì, non ti scor - dar. Ca - ta -

rì, Ca - ta - rì, che ve - ne a di - ce - re stu par -
rì, Ca - ta - rì, per - chè vuoi fin - ge - re? Più non

là ca me dà spase - me? Tu nun 'nce
far ch'io soffra e spasi - mi. *Tu mai non*

pienze a stu du - lo - re mi - o, tu nun 'nce pien - ze,
pen - si a ques - to mio do - lo - re, *tu non ci pen - si,*

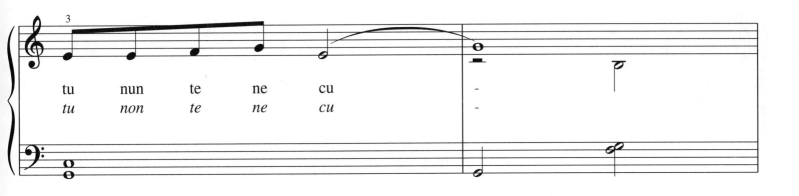

tu nun te ne cu -
tu non te ne cu -

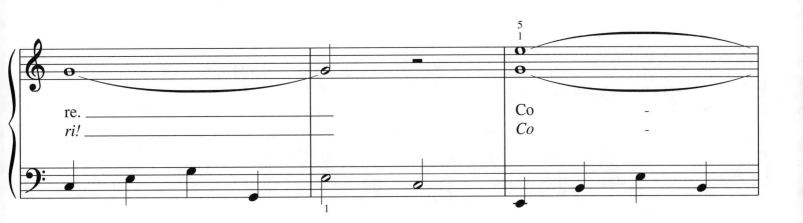

re. _____ Co -
ri! _____ *Co -*

28

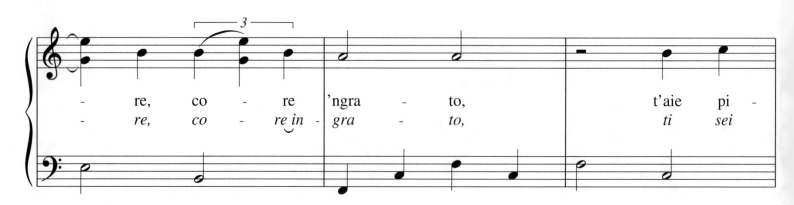

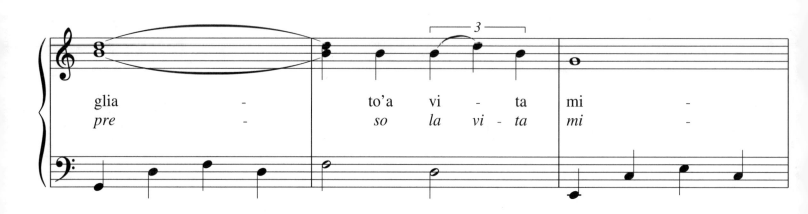

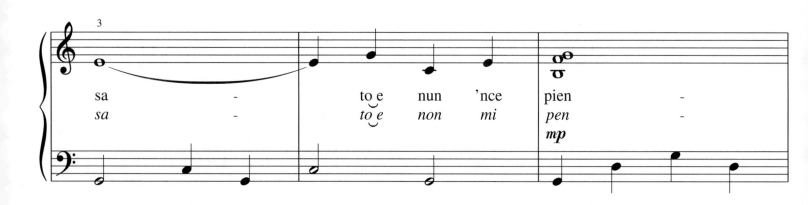

ze   chiu!
si   *più.*

Additional Lyrics

(Neapolitan:) 2. Catarì, Catarì,
tu nun'o saie ca'nfin'int'a na chiesa
io so' trasuto e aggio priato a Dio, Catarì.
E l'aggio ditto pure a'o cunfessore:
I' sto a suffrì
pe' chella là!

Sto a suffrì, sto a suffrì,
nun se po' credere,
sto a suffrì tutte li strazie!
E'o cunfessore, ch'è persona santa,
m'ha ditto: Figlio mio, lassala sta'.

Core, core 'ngrato,
t'aie pigliato 'a vita mia,
tutt' è passa'to
e nun 'nce pienze chiù!

(Italian:) 2. Catarì, catarì,
tu non lo sai che perfino in chiesa
mi son recato ed ho pregato Iddio, Catarì.
Ed ho narrato al padre confessore
il mio soffrir
per quest'amor.

Un soffrir, un martir
da non si credere.
Un dolor che strazia l'anima.
E il confessore, ch'è persona santa,
mi ha detto: Figlio mio, devi scordar.

Core, core ingrato,
ti sei preso la vita mia,
tutto è passato
e non mi pensi più.

LA DONNA È MOBILE
from RIGOLETTO

By GIUSEPPE VERDI

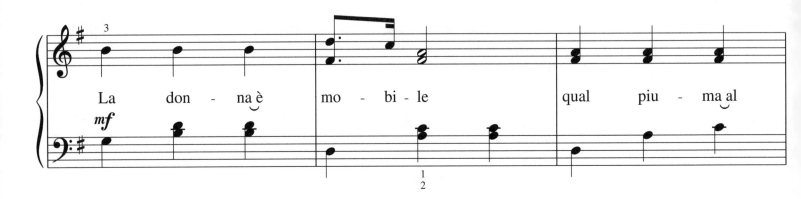

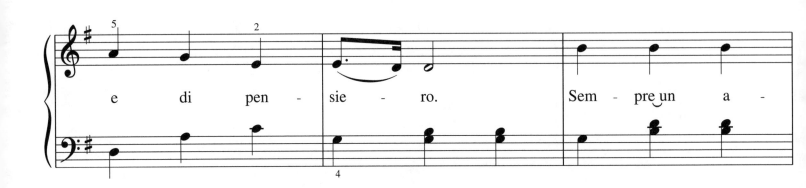

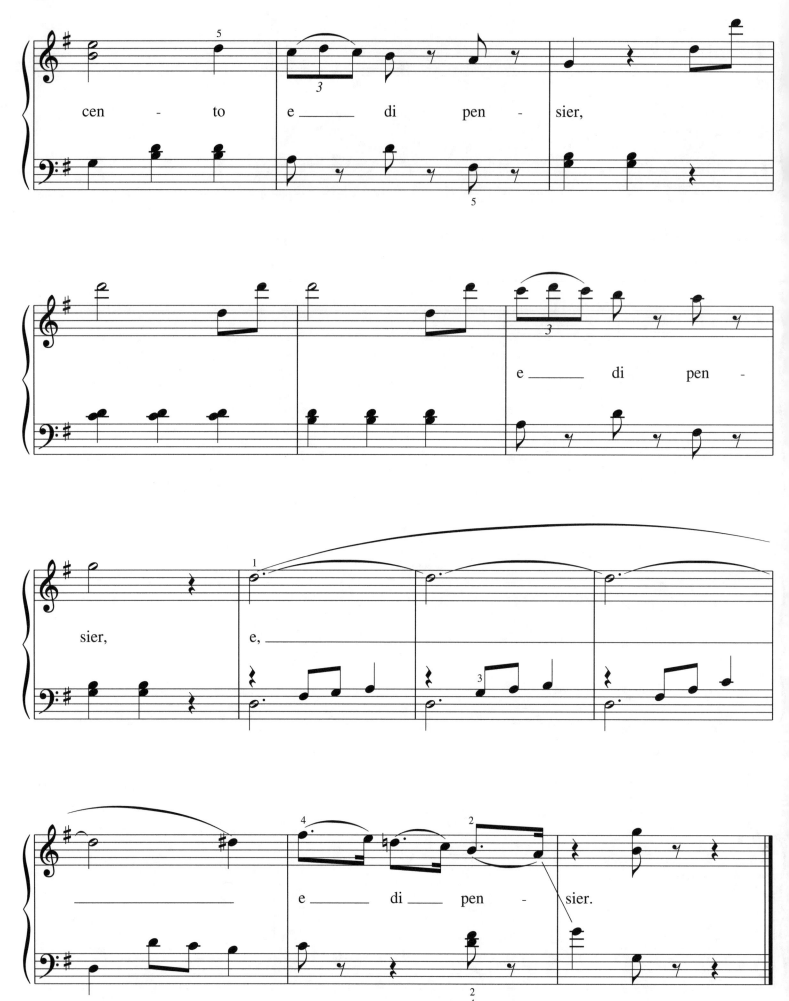

cen - to   e _____ di pen - sier,

e _____ di   pen -

sier,   e, _____

_____   e _____ di _____ pen - sier.

MATTINATA

By RUGGIERO LEONCAVALLO

34

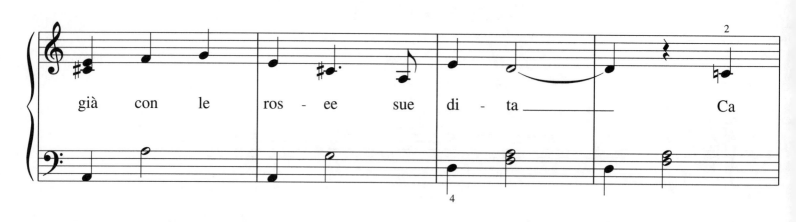

già con le ros - ee sue di - ta _____ Ca

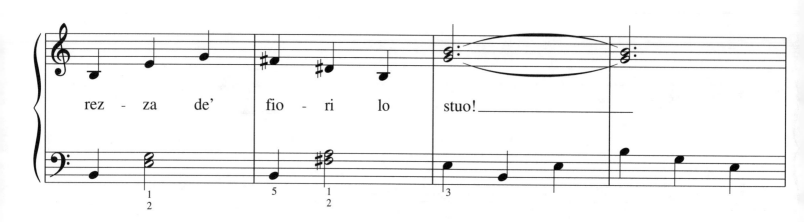

rez - za de' fio - ri lo stuo! _____

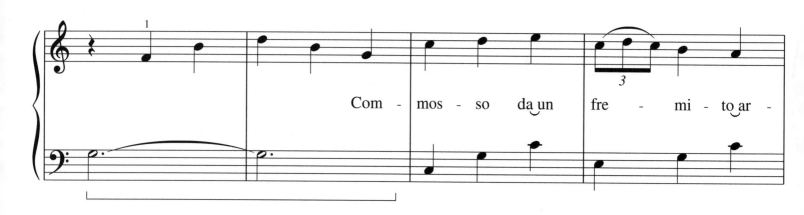

Com - mos - so da un fre - mi - to ar -

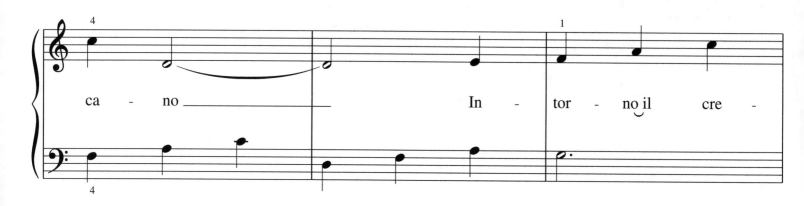

ca - no _____ In - tor - no il cre -

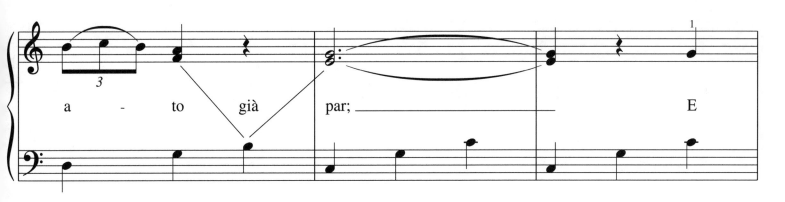

a - to già par;   E

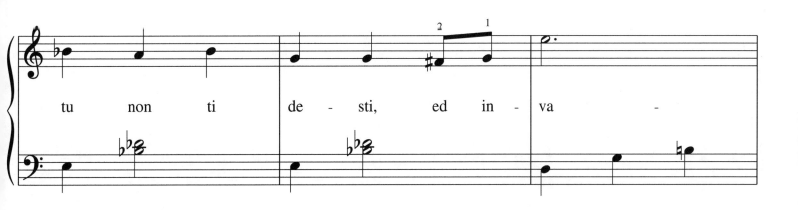

tu non ti de - sti, ed in - va -

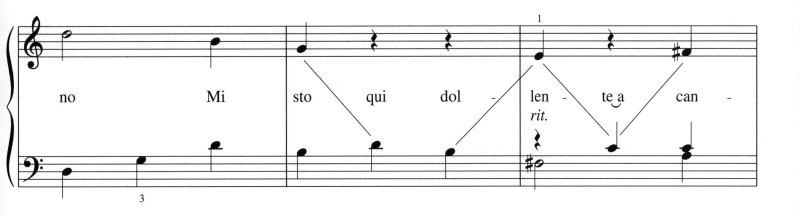

no   Mi sto qui dol - len - te a can -

rit.

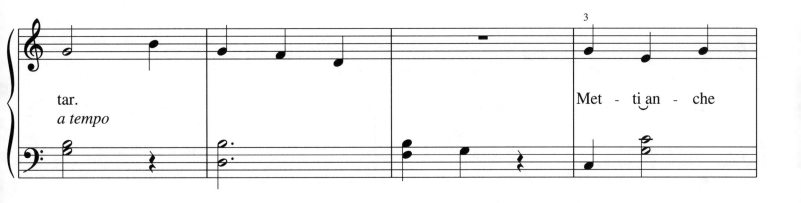

tar.   Met - ti an - che

a tempo

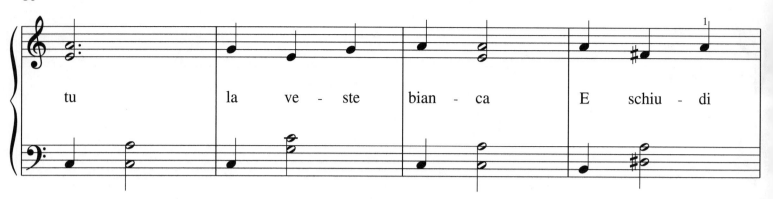

tu la ve - ste bian - ca E schiu - di

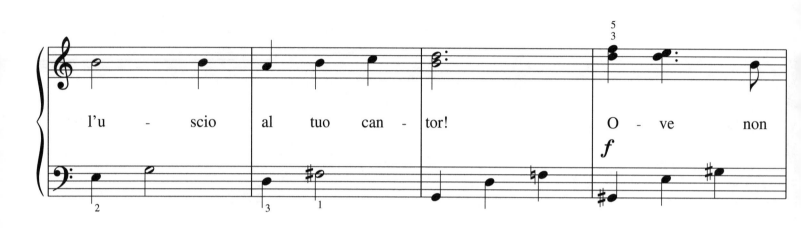

l'u - scio al tuo can - tor! O - ve non

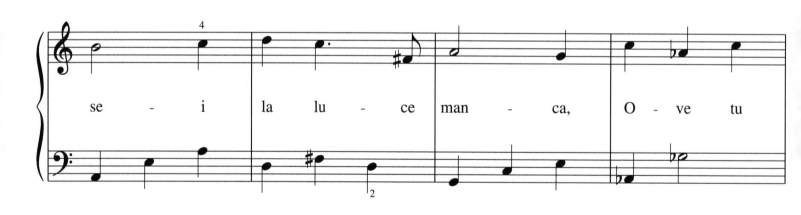

se - i la lu - ce man - ca, O - ve tu

se - i na - sce l'a - mor! Met - ti an - che

tu la ve - ste bian - ca E schiu - di

l'u - scio al tuo can - tor! O - ve non

f

se - i la lu - ce man - ca, O - ve tu

se - i na - sce l'a - mor!

rit. *a tempo*

LA SPAGNOLA

By VINCENZO CHIARI

Moderately fast

1. Di Spa - gna so - no la
Bright as the stars that are
2. *(See additional lyrics)*

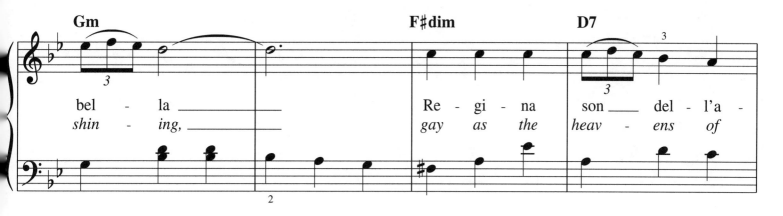

bel - la _____ Re - gi - na son _____ del - l'a -
shin - ing, _____ gay as the heav - ens of

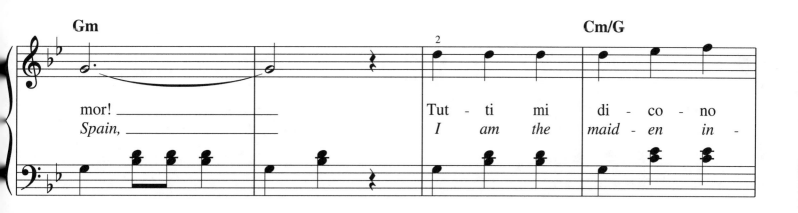

mor! _____ Tut - ti mi di - co - no
Spain, _____ I am the maid - en in -

stel - la, _____ stel - la di vi - vo splen -
clin - ing _____ al - ways to love _____ once a -

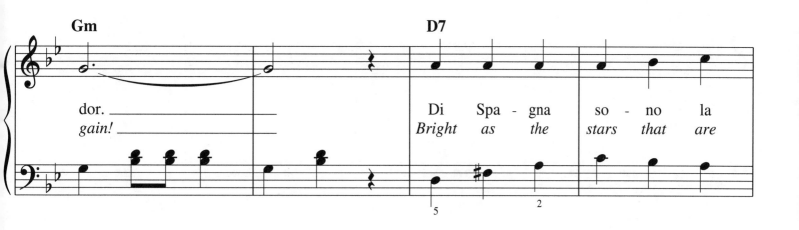

dor. _____ Di Spa - gna so - no la
gain! _____ Bright as the stars that are

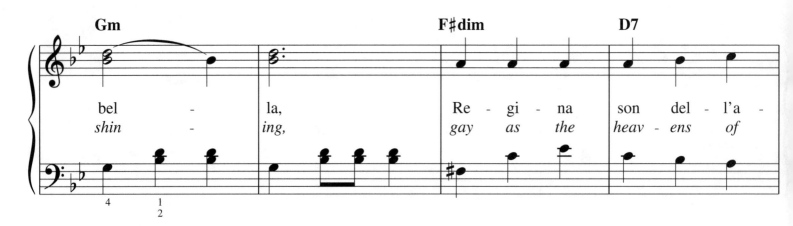

bel - la,
shin - ing,
Re - gi - na son del - l'a -
gay as the heav - ens of

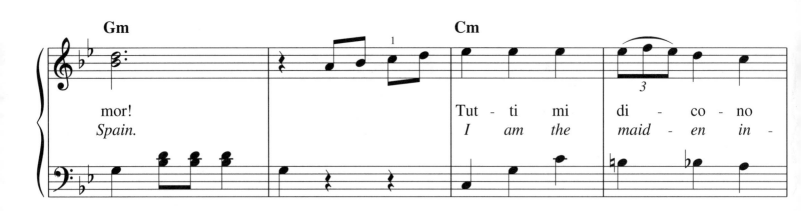

mor!
Spain.
Tut - ti mi di - co - no
I am the maid - en in -

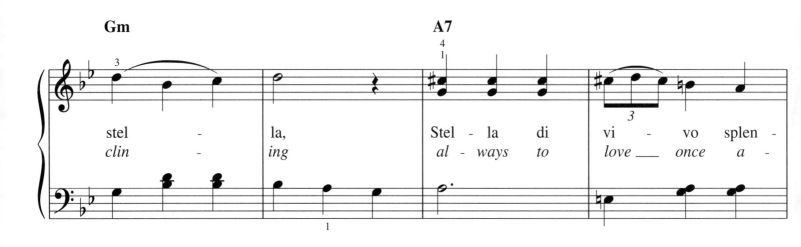

stel - la,
clin - ing
Stel - la di vi - vo splen -
al - ways to love ___ once a -

dor!
gain!

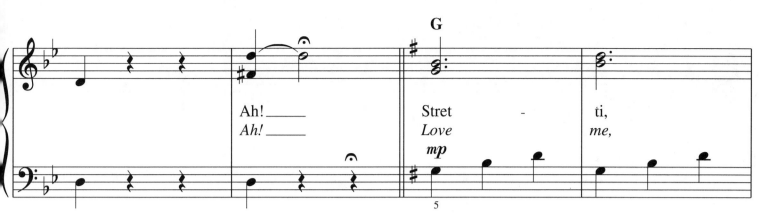

Ah!_____ Stret - ti,
Ah!_____ Love me,

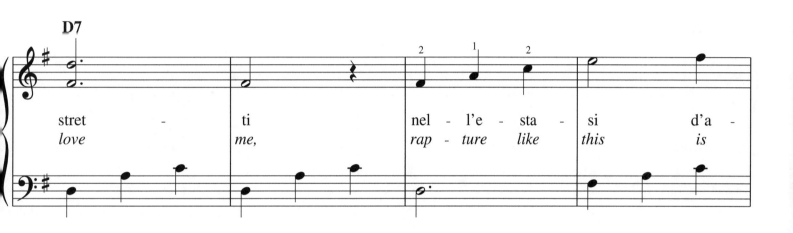

stret - ti nel l'e - sta - si d'a -
love me, rap - ture like this is

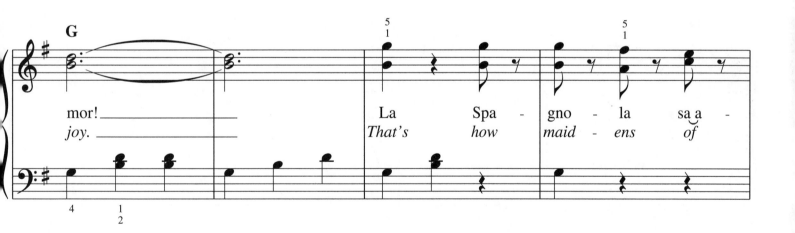

mor!_____ La Spa - gno - la sa a -
joy._____ That's how maid - ens of

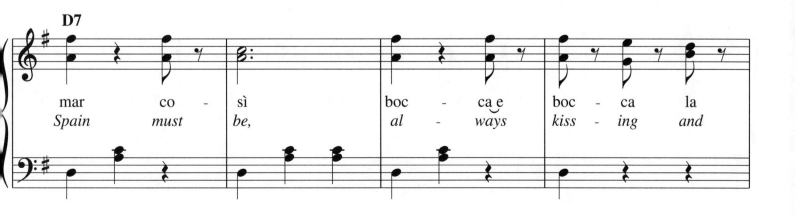

mar co - sì boc - ca e boc - ca la
Spain must be, al - ways kiss - ing and

G6   **G**

not - te e il dì.   Stret - ti,
full of glee!   *Love me,*

D7

stret - ti   nel - l'e - sta - si d'a -
love me,   *rap - ture like this is*

G

mor! _____   La Spa - gno - la sa a -
joy, _____   *that's how maid - ens of*

f

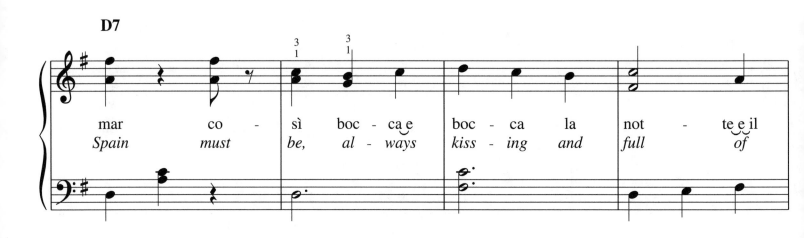

D7

mar co - sì boc - ca e boc - ca la not - te e il
Spain must be, al - ways kiss - ing and full of

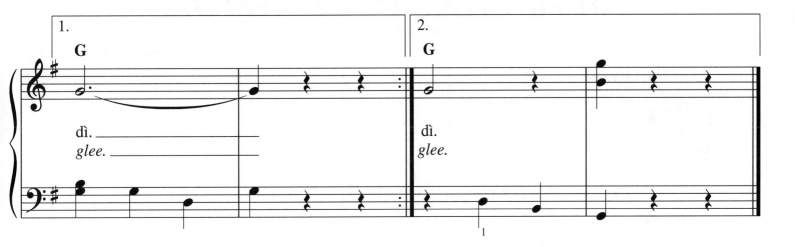

Additional Lyrics

2. Amo con tutto l'ardore
   A chi̯ è sincero con me!
   Degli̯ anni miei̯ il vigore
   Gli fo ben presto veder!
   Amo con tutto l'ardore
   A chi̯ e sincero con me!
   Degli̯ anni miei̯ il vigore
   Gli fo ben presto veder!
   Ah! Stretti, stretti nell'estasi d'amor!
   La Spagnola sa̯ amar così bocca̯ e bocca la notte̯ e il dì.
   Stretti, stretti nell'estasi d'amor!
   La Spagnola sa̯ amar così bocca̯ e bocca la notte̯ e il dì.

2. *If you are true I'll adore you,*
   For you will capture my heart,
   And I will live only for you,
   I'll never want to depart!
   If you are true I'll adore you,
   For you will caputre my heart,
   And I will live only for you,
   I'll never want to depart! Ah!
   Love me, love me,
   Rapture like this is joy,
   That's how maidens of Spain must be,
   Always kissing and full of glee!
   Love me, love me,
   Rapture like this is joy,
   That's how maidens of Spain must be,
   Always kissing and full of glee!

M'APPARÌ TUTT' AMOR

from MARTHA

By FRIEDRICH VON FLOTOW

Moderately

mf

With pedal

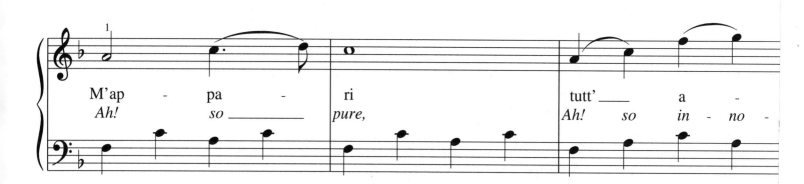

M'ap - pa - - ri tutt'_____ a -
Ah! so _____ pure,

mor, il _____ mio sguar - do l'in - con -
cent, burst _____ her beau - ty on _____ my _____

trò; Bel - la _____ si che il mio___ so___ di -
sight. *O* *so* _____ *mild,*

cor an - si - o - so a lei vo - lò;_____
vine, *she* *be - guil'd* _____ *this heart of* *mine!* _____

___ mi fe - ri, m'in - va - ghi quell' an - ge - li - ca bel -
'Reft *of* *aim,* *ere she* *came,* *dark the* *fu - ture seemed to*

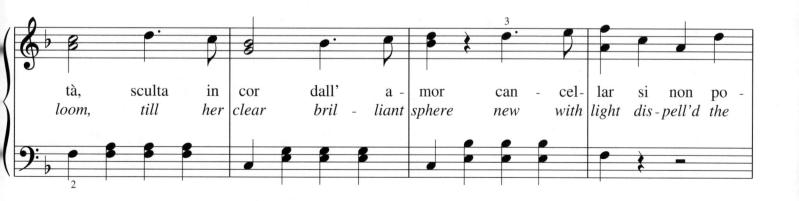

tà, sculta in cor dall' a - mor can - cel - lar si non po -
loom, *till* *her* *clear* *bril - liant sphere* *new* *with light dis - pell'd the*

46

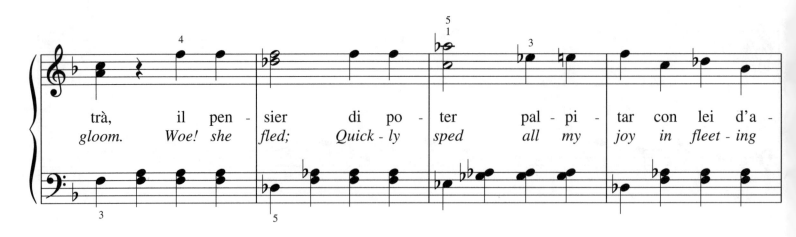

trà,   il pen - sier   di po - ter   pal - pi - tar con lei d'a -
gloom.   Woe! she fled;   Quick - ly sped   all my   joy in fleet - ing

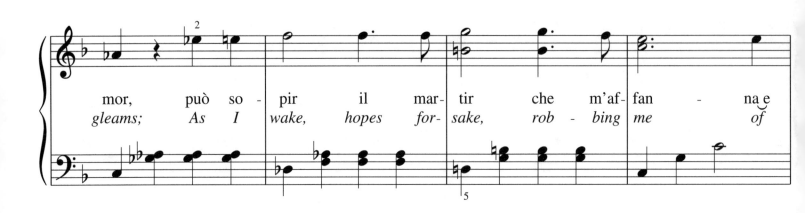

mor,   può so - pir   il mar - tir   che m'af - fan - na e
gleams;   As I wake,   hopes for - sake,   rob - bing me   of

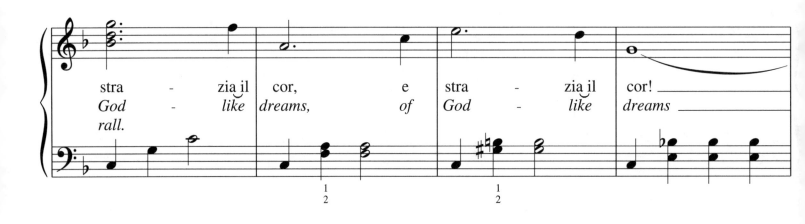

stra - zia il cor,   e stra - zia il cor! _____
God - like dreams,   of God - like dreams _____
rall.

_____ M'ap - pa - ri   tutt' __ a -
_____ Ah! so __ pure,   Ah! so in - no -
a tempo

mor,
cent
il _____ mio
burst ____ her
sguar - do
beau - ty
l'in - con -
on _____ my

trò,
sight.
Bel - la _____ si
O so ____ mild
che il mio ___
so ____ di -

cor _____
vine _____
an - si - o - so a lei vo - lò;
she be - guil'd this heart of mine.

Mar - ta,
Mar - tha,
Mar - ta
Mar - tha!
tu spa - ri - sti,
Thou hast ta - ken

48

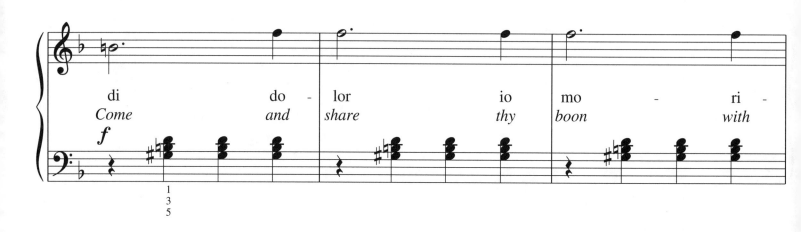

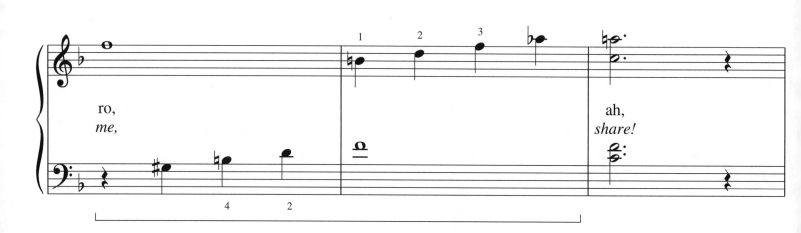

di do - lor mor - ro, si, mor - ro!
share thy boon with me! Yea! with me.

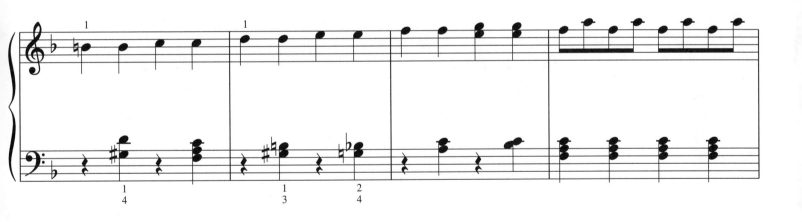

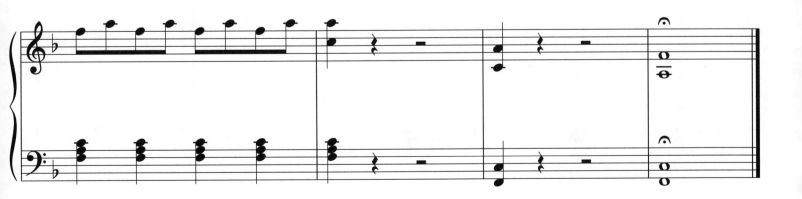

O DEL MIO AMATO BEN

By STEPHANO DONAUDY

Slowly

With pedal

O del mio a - ma - to ben _____ per i,
Mi sem - bra, sen - za le - i,

du - to in can - to!
tri - ste o - gni lo - co.

Lun - gi è dag - li oc - chi mie - i _____
Not - te mi sem - bra il gior - no; _____

_____ chi m'e - ra glo - ria e
_____ mi sem - bra ge - lo il

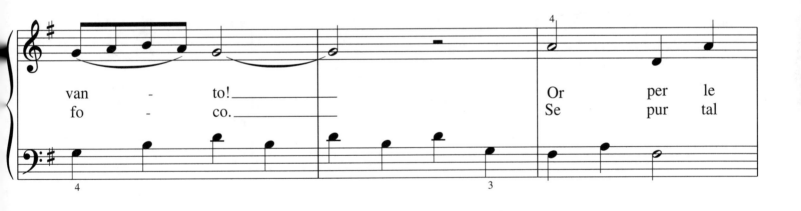

van - to! _____ Or per le
fo - co. _____ Se pur tal

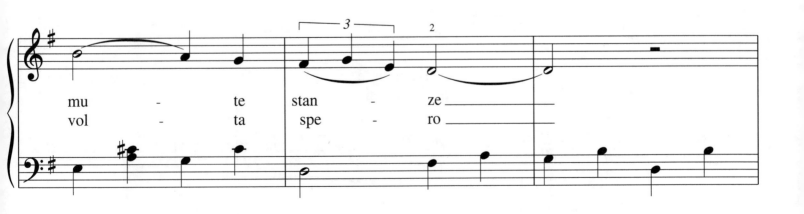

mu - te stan - ze _____
vol - ta spe - ro _____

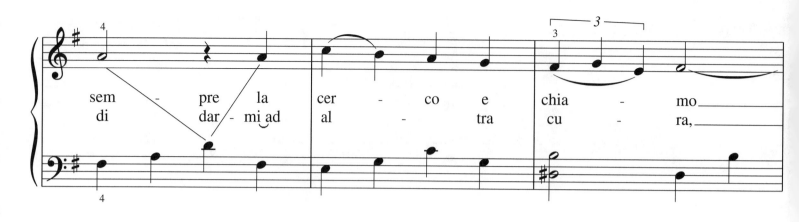

sem - pre la cer - co e chia - mo
di dar - mi ad al - tra cu - ra,

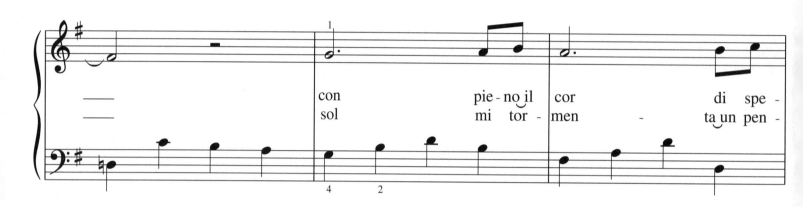

con pie - no il cor di spe-
sol mi tor - men - ta un pen -

Slower

ran - ze... Ma cer - co in van
sie - ro: ma, sen - za lei,
mf

A tempo

chiamo in van! E il pian - ger m'e sì ca - ro,
che fa - rò? Mi par co - sì la vi - ta
rit. *mp*

O MIO BABBINO CARO

from GIANNI SCHICCHI

By GIACOMO PUCCINI

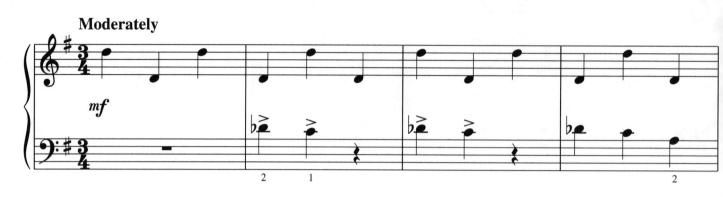

Moderately

mf

Moderately slow

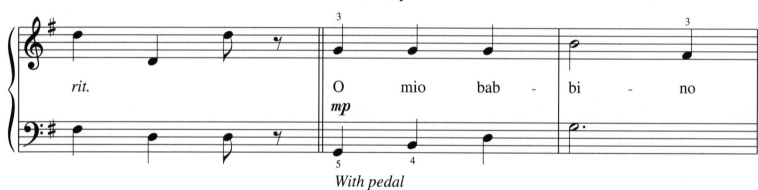

rit.

O mio bab - bi - no

mp

With pedal

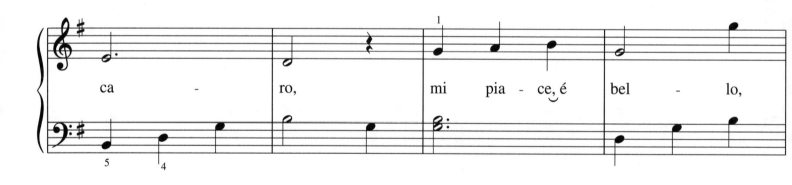

ca - ro, mi pia - ce, é bel - lo,

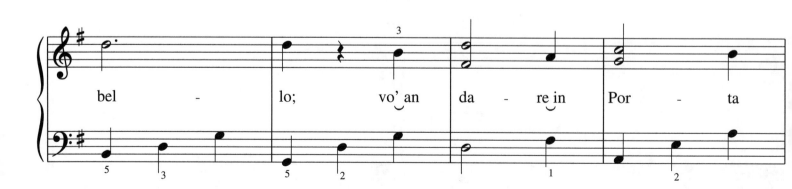

bel - lo; vo' an da - re in Por - ta

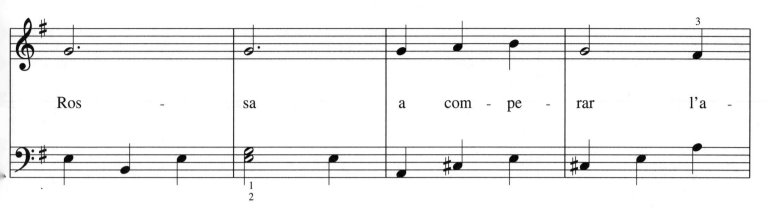

Ros - sa a com - pe - rar l'a -

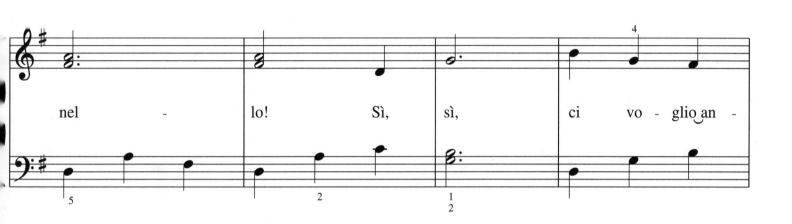

nel - lo! Sì, sì, ci vo - glio an -

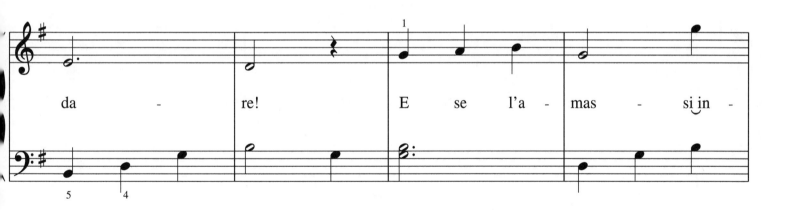

da - re! E se l'a - mas - si in -

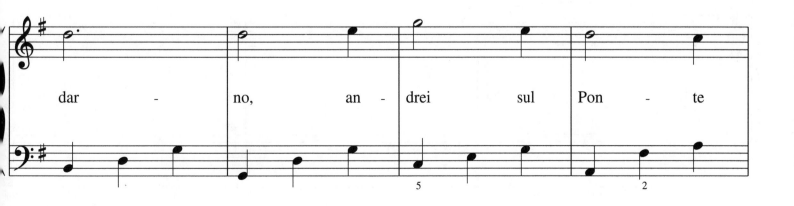

dar - no, an - drei sul Pon - te

56

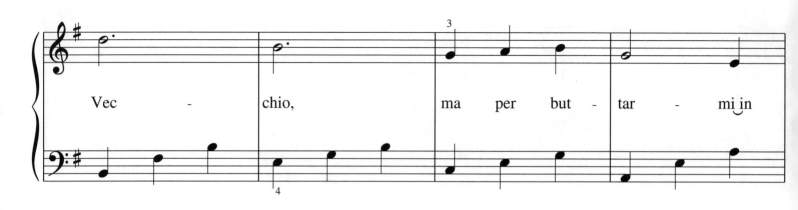

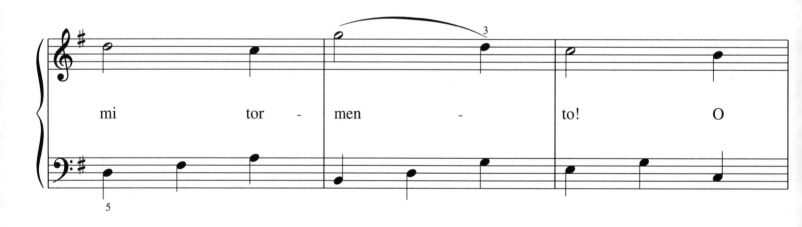

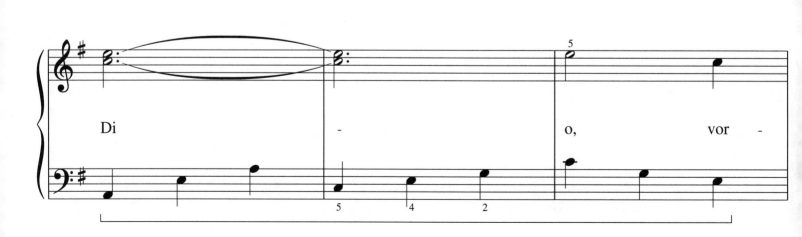

'O SOLE MIO

Words by GIOVANNI CAPURRO
Music by EDUARDO DI CAPUA

Moderately slow

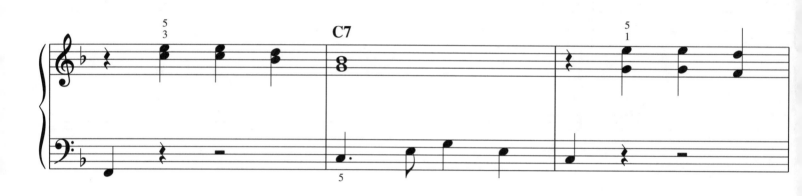

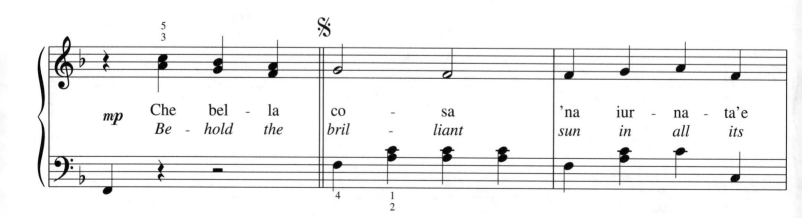

Che bel - la co - sa 'na iur - na - ta 'e
Be - hold the bril - liant sun in all its

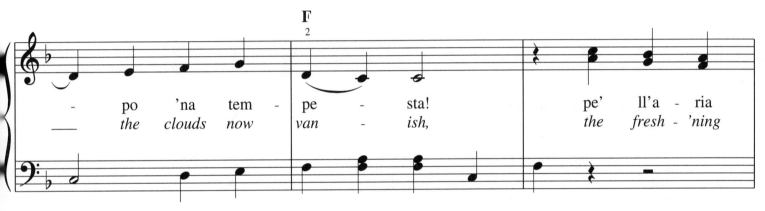

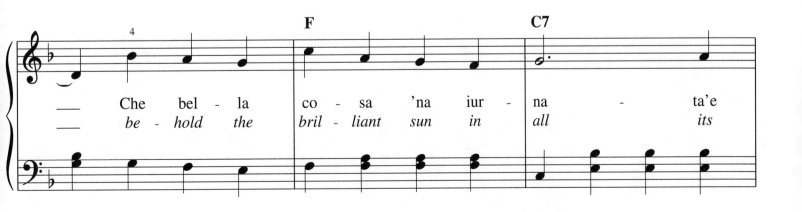

60

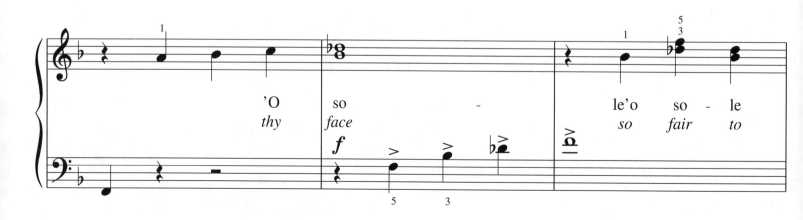

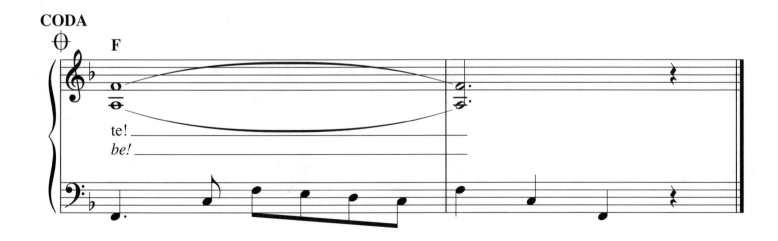

OH MARIE

Words and Music by
EDUARDO DI CAPUA

Moderately slow

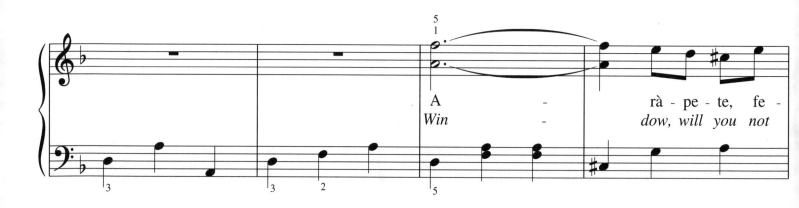

A - rà - pe - te, fe -
Win - dow, will you not

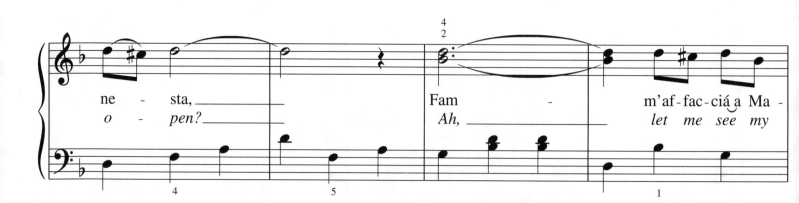

ne - sta,_____ Fam - m'af-fac-ciá a Ma -
o - pen?_____ Ah,_____ let me see my

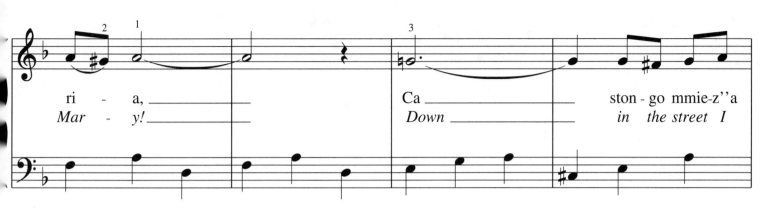

ri - a, _____ Ca _____ ston - go mmie-z''a
Mar - y! _____ *Down* _____ *in the street I*

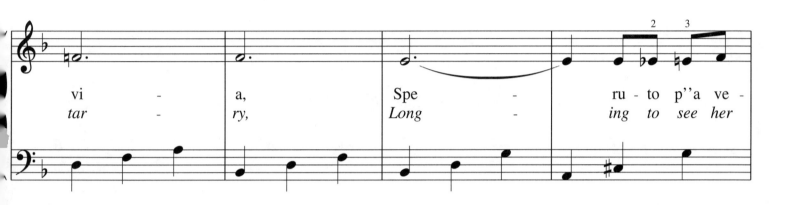

vi - a, Spe - ru - to p''a ve -
tar - ry, *Long - ing to see her*

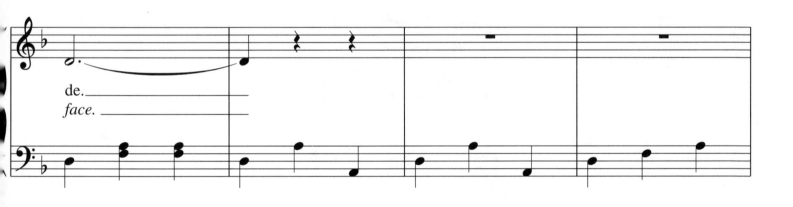

de. _____
face. _____

Nun _____ tro - vo n'o - ra'e pa - ce; _____
I _____ *can - not rest an hour,* _____

64

'A _____ not - t''a fac - cio juor - no, _____
night _____ af - ter night I've wait - ed, _____

Sem - pe pe sta-ccà at - tuor - no,
wea - ry and long be - lat - ed,

Spe - ran-no 'e ce par - là.
on - ly to hear her voice.

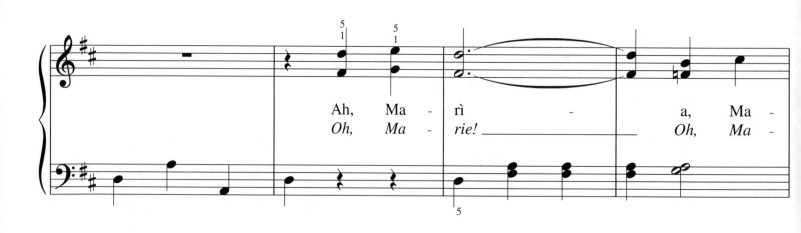

Ah, Ma - rì - a, Ma -
Oh, Ma - rie! _____ Oh, Ma -

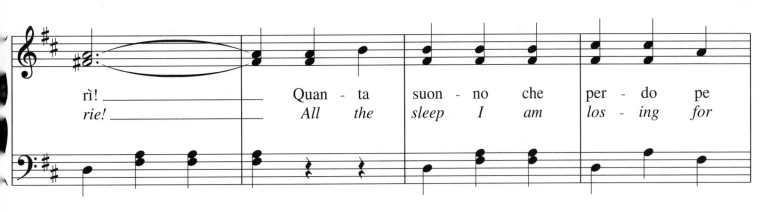

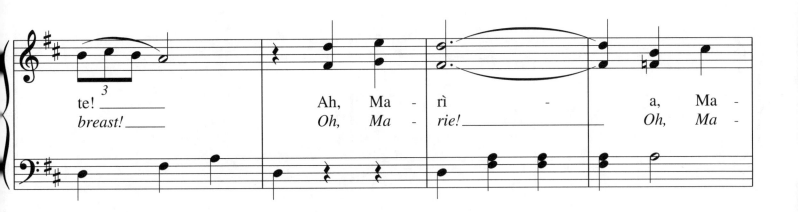

rì!
rie!
Quan - ta
All the
suon - no che
sleep I am
per - do pe
los - ing for

te; _____
thee! _____
Fam -
Now
m'ad - dur -
let me

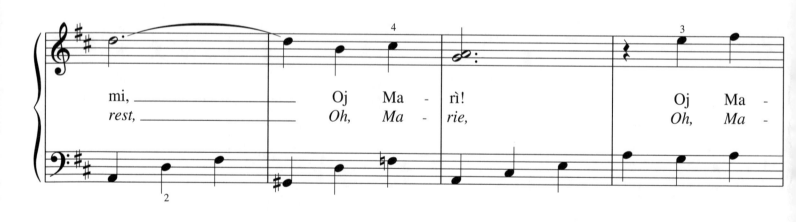

mi, _____
rest, _____
Oj Ma - rì!
Oh, Ma - rie,
Oj Ma -
Oh, Ma -

1.
rì!
rie!
mf

2.
rì!
rie!

SANTA LUCIA

By TEODORO COTTRAU

Moderately

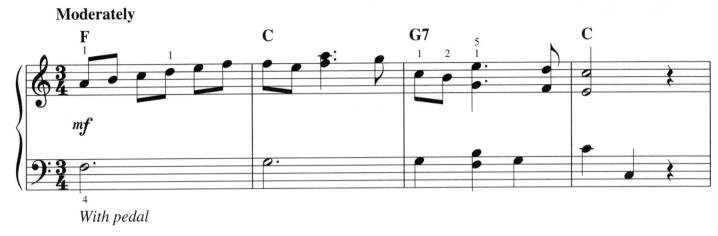

With pedal

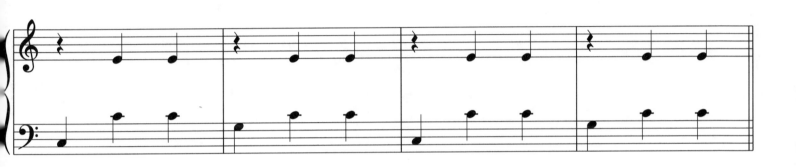

Sul ma - re luc - ci - ca L'a - stro d'ar - gen - to,
Now 'neath the sil - ver moon, o - cean is glow - ing,

Pla - ci - da è l'on - da, Pro - spe - ro è il ven - to;
o'er the calm bil - low, soft winds are blow - ing,

Sul ma - re luc - ci - ca L'a - stro d'ar - gen - to,
Here balm - y zeph - yrs blow, pure joys in - vite ___ us,

Pla - ci - da è l'on - da, Pro - spe - ro è il ven - tò;
and as we gen - tly row, all things de - light us,

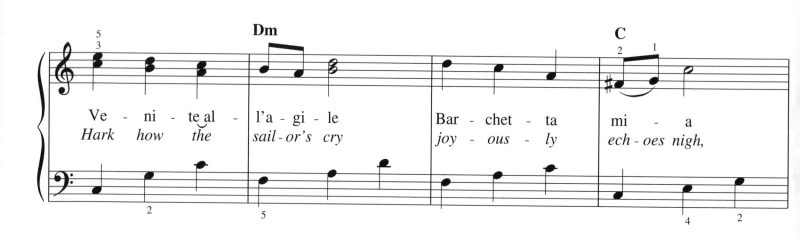

Ve - ni - te al - l'a - gi - le Bar - chet - ta mi - a
Hark how the sail - or's cry joy - ous - ly ech - oes nigh,

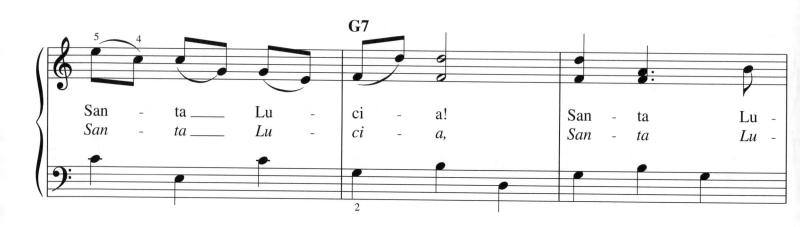

San - ta ___ Lu - ci - a! San - ta Lu -
San - ta ___ Lu - ci - a, San - ta Lu -

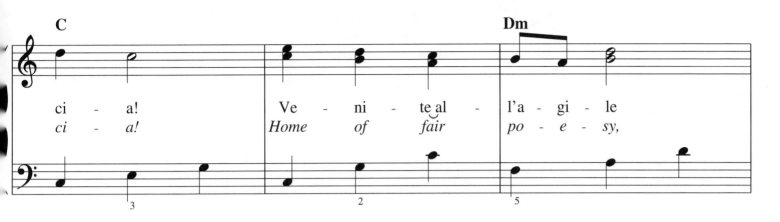

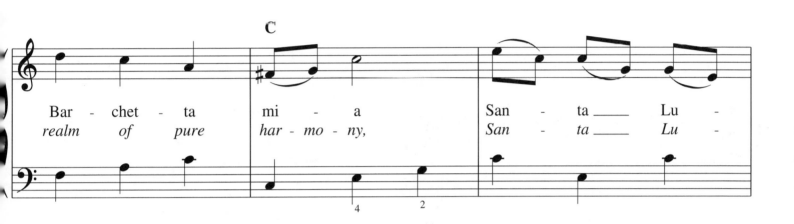

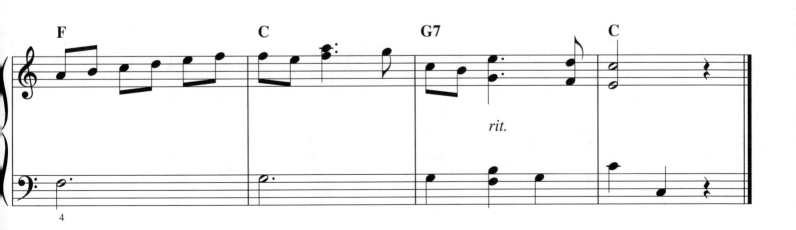

QUANDO MEN VO
(Musetta's Waltz)
from LA BOHÈME

By GIACOMO PUCCINI

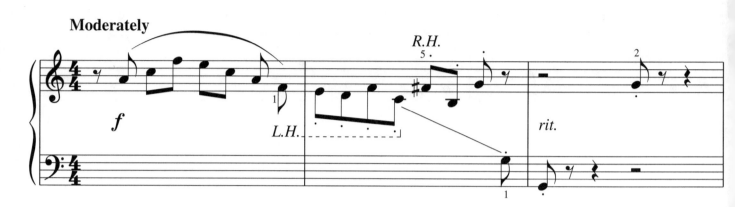

Moderately

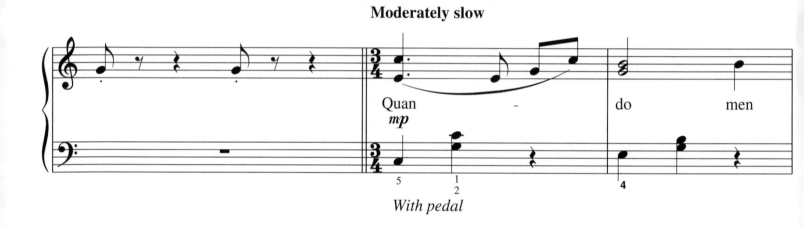

Moderately slow

Quan - do men

With pedal

vo _____ quan-do men vo so - let - ta per la via la gen - te so-sta e

mi - ra,   e la bel - lez - za

71

mi - a   tut - ta ri - cer - ca in me,_____ ri - cer - ca in

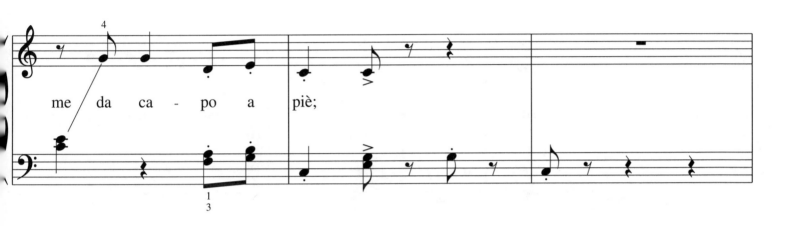

me da ca - po a piè;

ed as - sa - po - ro al - lor la bra - mo - sia sot - til,____ che da

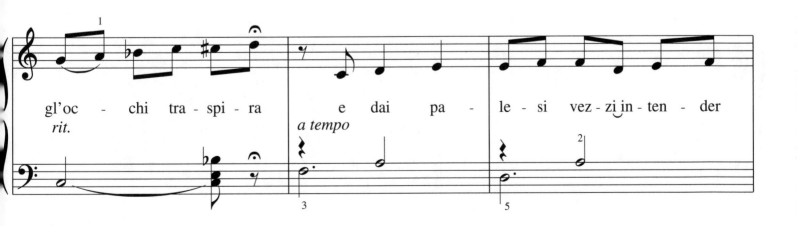

gl'oc - chi tra - spi - ra   e dai pa - le - si vez - zi in - ten - der
rit.   a tempo

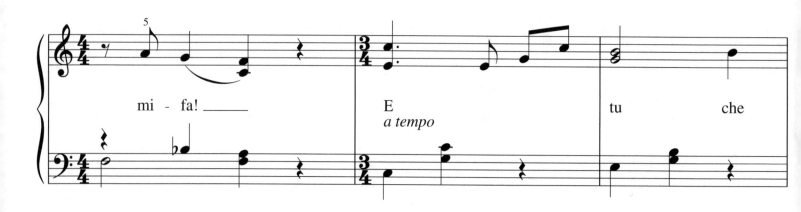

73

sa - i ____ che me-mo - ri e ti strug - gi, ____ da me tan - to ri - fug - gi? So ben: le an-go-scie tue non le vuoi dir, non le vuoi dir, so ben _____ ma ti sen - ti mo - rir!

molto rit.   *a tempo* **p**   **p**

TARANTELLA

Traditional

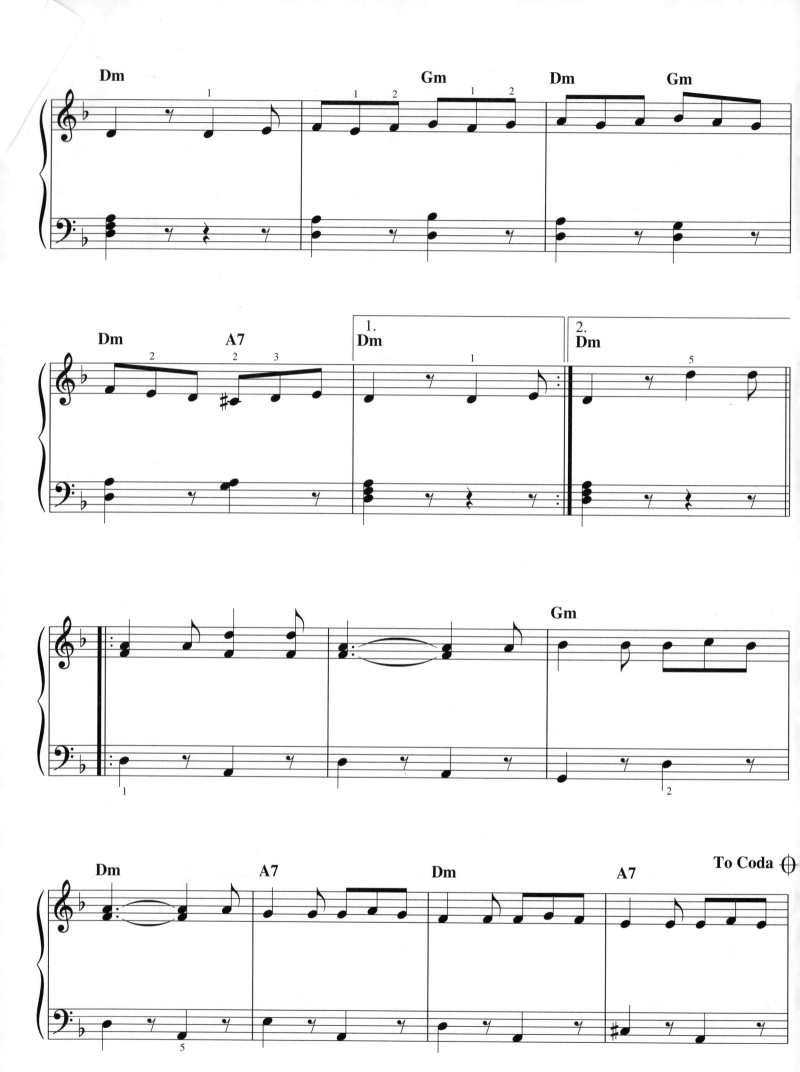

TESORO MIO

By ERNESTO BECUCCI

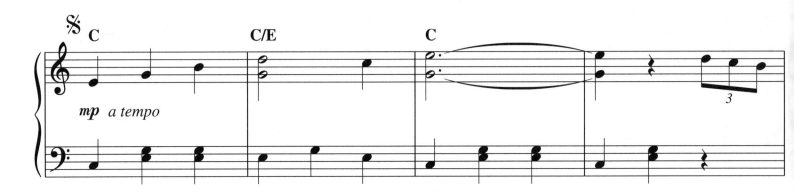

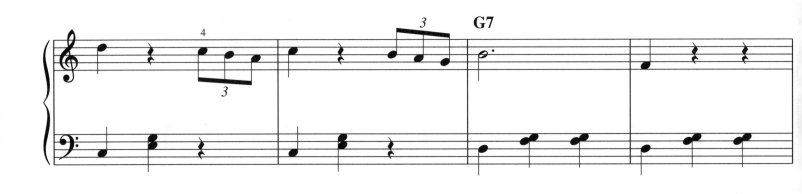

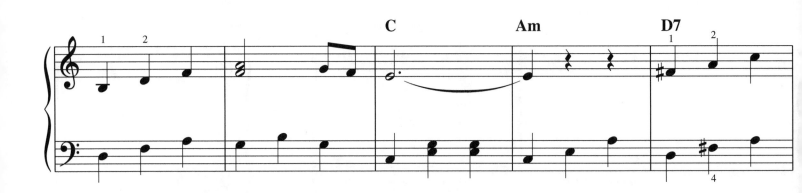

UNA FURTIVA LAGRIMA
from L'ELISIR D'AMORE (THE ELIXIR OF LOVE)

By GAETANO DONIZETTI

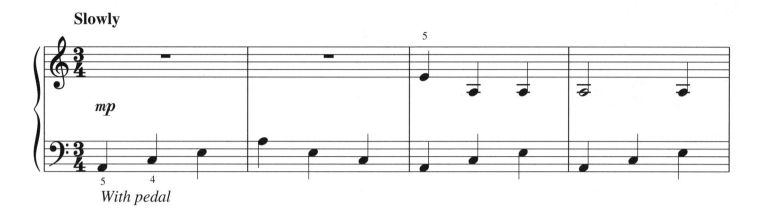

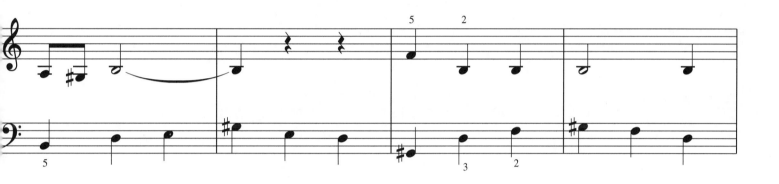

U - na fur - ti - va la - gri - ma ne - gl'oc - chi

suoi ___ spun - tò. Quel - le fe - sto - se

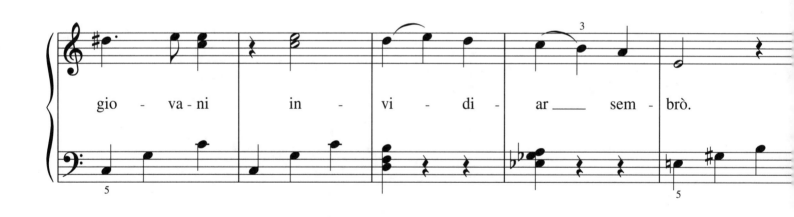

gio - va - ni in - vi - di - ar ___ sem - brò.

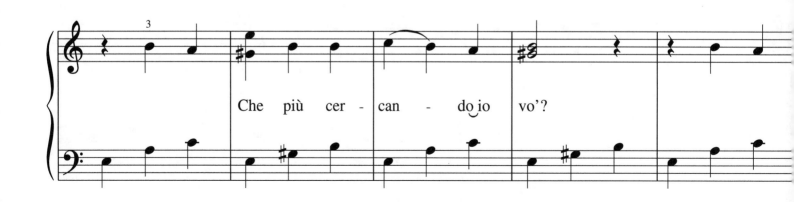

Che più cer - can - do io vo'?

tir! I miei so - spir con - fon - de -

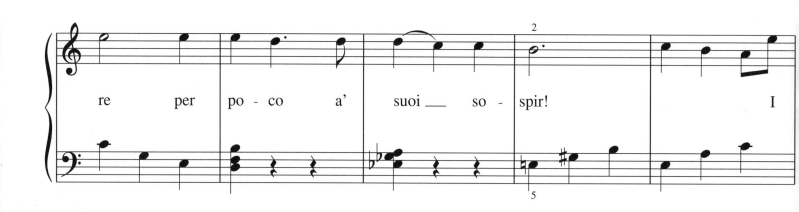

re per po - co a' suoi ___ so - spir! I

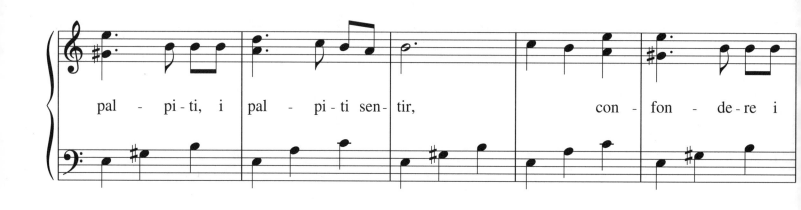

pal - pi - ti, i pal - pi - ti sen - tir, con - fon - de - re i

miei co' suoi so - spir! Cie - lo, si può ___ mo -

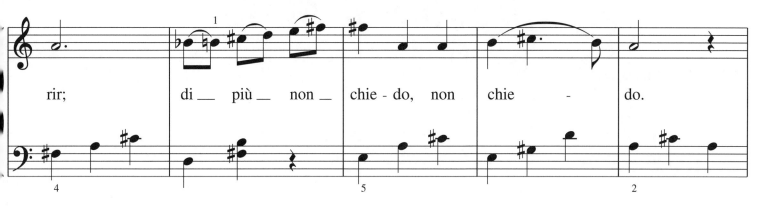

rir; di _ più _ non _ chie - do, non chie - do.

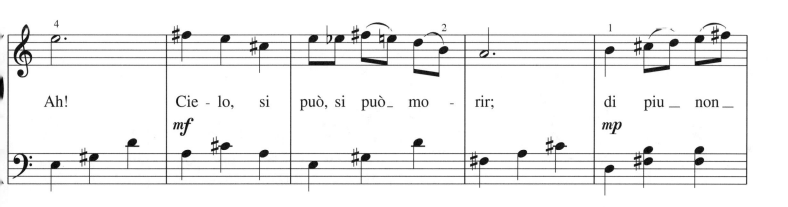

Ah! Cie - lo, si può, si può_ mo - rir; di piu _ non _

chie - do, non chie - do.

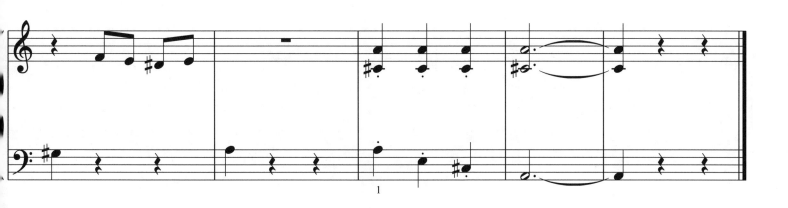

VIENI SUL MAR

Italian Folk Song

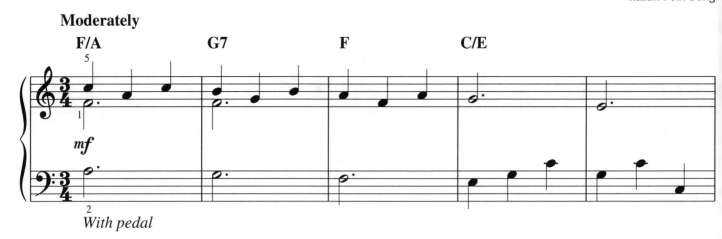

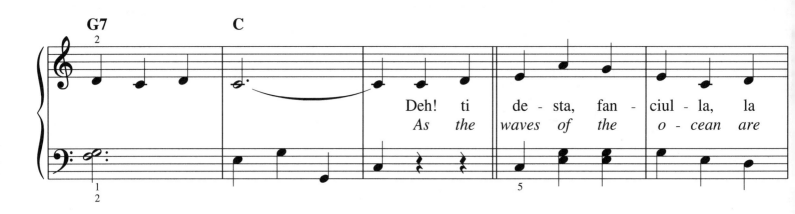

Deh! ti de - sta, fan - ciul - la, la
As the waves of the o - cean are

lu - na _____ span-de un rag - gio sì chia - ro sul mar,
whis - p'ring, _____ oh they seem to be call - ing to you,

vie - ni me - co t'a - spet - ta la bru - na, _____ fi - da
for my heart, like an ech - o, is whis - p'ring, _____ come to

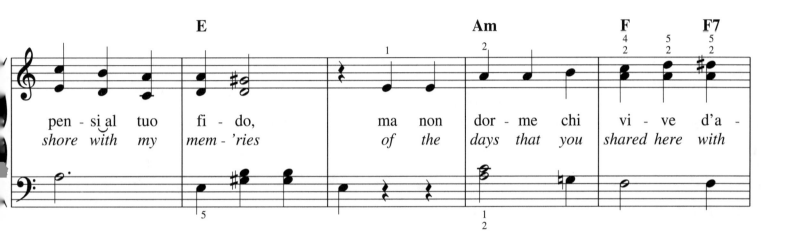

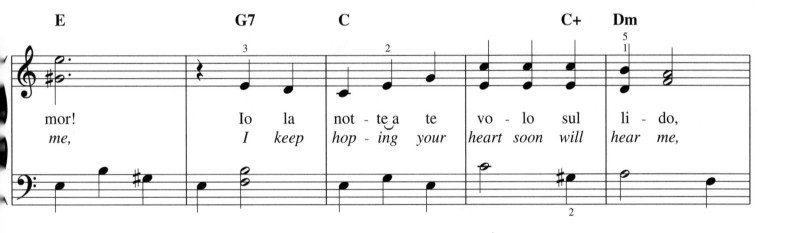

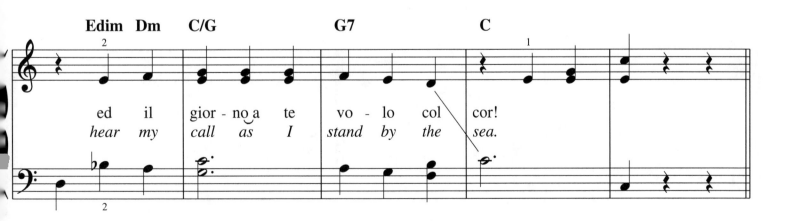

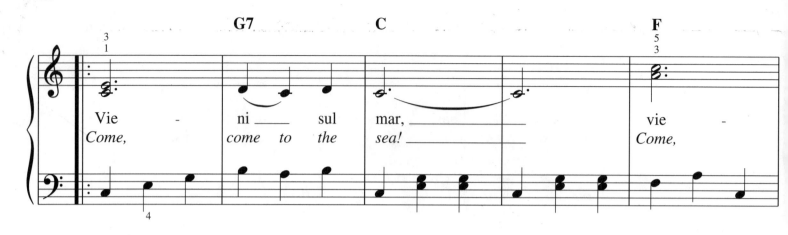

G7 — C — F

Vie - ni ____ sul mar, _____ vie -
Come, *come to the* *sea!* _____ *Come,*

C — F/A — G7

ni a vo - gar. _____ Sen - ti - ra i l'eb -
come back to *me!* _____ *Waves of the* *o - cean, they*

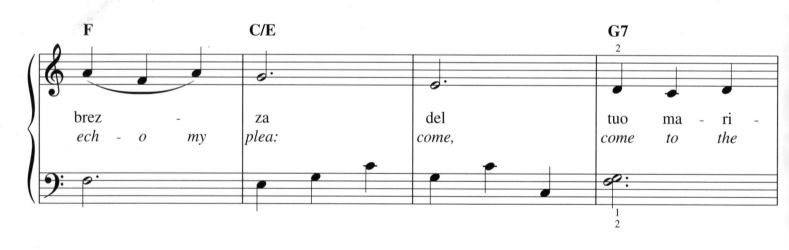

F — C/E — G7

brez - za del tuo ma - ri -
ech - o my *plea:* *come,* *come to the*

1. C — 2. C

nar! nar!
sea! *sea!*
rit.